シャネル
CHANEL

シャネルを支えた8人のレジェンドと
生きている言葉

川島ルミ子
Kawashima Rumiko

さくら舎

まえがき

どうしてこの仕事を選んだのかと時には思う。創作することが楽しかったわけではなく、わたしが気に入らないことを流行遅れにしたかったからだわ。

シャネルがファッションに関するこれまでの観念をくつがえしたのは、革命とよぶのにふさわしいほど画期的なことだった。自ら働く女性であったシャネルは、不必要な虚飾を取り払い、可能なかぎりシンプルにし、動きやすく着心地がよく、耐久性があり、それでいてエレガンスを保つ服づくりに専念した。従来のように、社交界だけで優雅に装うのではなく、仕事場や路上を歩くときにも女性たちはエレガントでいるべきだ。それがシャネルが生涯もち続けていた信念だった。長い間引き継がれてきた伝統や習慣をすべて葬り去り、『皆殺しの天使』とよばれたシャネルによって、ファッションは新しい時代の扉を開けたのだった。

流行は流行遅れになるけれど、スタイルは不変。

彼女のその言葉の通り、シャネルは時と共に消え去る流行ではなく、永遠に残るスタイルを築いたデザイナーだった。時代がいかに変貌しようとも、それを乗り越えて生き続けていく柔軟性、意志、強さをもつスタイル。それは、

自分の人生が気に入らなかったの。だから自分で創ったのよ。

と自身が言うように、シャネルが生きた、起伏に富んだ人生から生まれたものだった。

ガブリエル・シャネルが生まれたのは一八八三年八月十九日で、ロワール川流域の小さな町ソーミュールの修道女が運営する慈善病院だった。旅を続ける行商人の二十

七歳の父アルベールは不在で、家政婦の母ジャンヌは二十歳そこそこだった。二人が結婚したのはシャネルが誕生した翌年で、それ以前に最初の娘が生まれていた。その後三人の子どもが次々と生まれ、その間にも働き続けていたジャンヌは三十三歳の若さで世を去った。シャネルが十一歳のときのことである。

妻を失ったアルベールは残された五人の子どもたちを親類や農家、孤児院に預けたあと、再び行商に出かけて二度と姿を現さなかった。シャネルと姉が預けられたのは、フランス中部の町オバジーヌにある聖母マリア聖心会が運営していた孤児院だった。そこで修道女たちの指導のもとに規則正しい生活を送りながら成長したシャネルは、その後、そこからさほど遠くない町ムーランのカトリック系施設の寄宿舎に暮らすようになる。このふたつの施設にいる間に身につけた秩序ある生活は、感受性が豊かだったシャネルの人格形成に大きな影響を及ぼしたし、学んだ裁縫の技術は独立する手立てとなった。修道女たちが一年中着ていた白と黒の修道服と、周囲に広がる大地の色ベージュは、シャネルの心の奥深くに刻まれ、のちにデザイナーになった彼女がもっとも好む色となり、服だけでなく、バッグや靴の基本の三色になったのだった。

成人になる少し前に寄宿舎を出たシャネルは、生活のために一時期仕立て屋で働いたこともあったようだが、当時ムーランの町中で流行していたカフェ・コンセール（流行のシャンソンなどが演奏されるカフェ）に魅せられ、そこで歌うようになる。それをきっかけとしてシャネルの生活は絶え間なく目覚ましい変化を遂げていく。

彼女の人生を一変させたのは、ムーランで知り合ったエティエンヌ・バルサンだった。大富豪で寛大で、馬が好きな彼と出会い、広大な領地の中に建つ瀟洒《しょうしゃ》な館に暮らすようになったシャネルは、現実とは思えない夢のように甘美な生活を送る。バルサンとの出会いはシャネルの前に輝かしい未来を切り開くきっかけとなったのである。

しかし修道女たちに囲まれた厳格な少女時代を送っていたシャネルは、日に日に満ち足りた生活に嫌気がさし、自分の力で自分の人生を歩みたい意欲にかられ、十代で学んだ裁縫の腕を発揮して帽子づくりを始める。バルサンの好意で彼のパリのアパルトマンにアトリエを設け、そこで好評を得たシャネルは本格的なブティックを出したいと思うようになる。しかし、その資金提供をバルサンに断られたシャネルは、彼の友人アーサー・カペルの理解を得て多額の融資を受け、念願の帽子店をパリのカンボン通りにオープンした。一九一〇年、シャネルが二十七歳のときだった。

卓越した実業家であったカペルは、資金を調達しただけでなく、事業拡大のための的確な助言を与えた。それに従ったシャネルはビジネスを順調に拡大していき、それは第一次世界大戦中でさえも変わらなかった。イギリス人のカペルは知性と社交性に富んだ紳士で、シャネルは内面的に大きな影響を受ける。そうしたカペルを心から愛していたシャネルは、おそらく彼との結婚を望んでいたと思うが、ある日突然、カペルが故郷でイギリス貴族令嬢と結婚したことを知る。大きな衝撃を受けたシャネルだったが、自尊心が強い彼女はそれを少しも表面に出すことなく、ひたすら仕事のみに没頭し、全身全霊を捧げて創作をし続けた。しかしそうした彼女から、働く意欲だけでなく、生きる気力さえも奪う出来事が起こる。カペルが自動車事故でこの世を去ったのである。

ボーイ・カペル。わたしが愛した唯一の人。彼は亡くなった、でも忘れたことはなかった。彼はわたしの人生の中でもっとも大きなチャンスだった。わたしをつくり上げたの。わたしの長所を伸ばすことを知っていた人なの。

打ちのめされたシャネルを救ったのは、個性的な容貌と自由な精神をもち、莫大な財産で芸術・文化支援（メセナ）活動を行い、社交界の女王ともてはやされていたミシアだった。彼女はスペイン人画家セールと結婚したばかりで、新婚旅行先に選んだヴェネツィアへの旅にシャネルを誘ったのである。この旅の間に、シャネルは仕事に復帰する健康と精神力を取り戻し、その後のクリエーションに生かすことになる、いままで知らなかったビザンチン様式の文化に触れたのである。

しかしヴェネツィア滞在が彼女にもたらしたのはそれだけではなかった。ロシアの著名な芸術プロデューサー、ディアギレフと知り合い、パリに戻ってから彼に興行の資金援助をする機会を得たのである。ミシアのように芸術家を支援をすることにひそかに憧れを抱いていたシャネルは、それ以降、画家や詩人、音楽家などを惜しみなく援助する。その中には名を上げる前のピカソ、コクトー、ストラヴィンスキー、ダリなどもいた。

芸術家たちを支援することはシャネルの生き甲斐のひとつであり、喜びでもあった。彼女が見返りを期待することは一度としてなかった。未知の才能を発掘し、目立たないように援助を行い、大きく羽ばたくことを望んでいただけだった。成功に成功を重ねていたシャネルにはそれだけの財力があったし、国境を超えた知名度は、アーティストたちを紹介するのに役立った。彼女には芸術家と気が合う特有の感性があったが、イギリスの由緒ある貴族ウェストミンスター公爵を魅了し、彼を通して知り合った社交界の紳士淑女に迎えられる知識や教養、気が利いたウィットももっていた。

第二次世界大戦はシャネルの人生を変貌させる。フランスがドイツに宣戦布告をした一九三九年、いち早く危険を察知した彼女は、香水とアクセサリー部門を残してメゾンを閉め、デザイナーの仕事を停止する。一九四四年八月、ドイツが敗戦しパリに自由が戻ったが、シャネルは事業を再開せず、逆にパリを逃れてスイスに亡命する。戦時中に彼女はドイツ将校と親しかったし、ドイツの諜報活動にかかわっていたのではないかと、嫌疑がかけられたからだった。

緑豊かなローザンヌに住まいをもったシャネルは、財産もたっぷりあったので、そこで静かで平和な人生を送っていくだろうと誰もが思っていた。ところが、一九五四年二月五日、シャネルは何の前触れもなくいきなりパリに戻り、再びコレクションを発表する。シャネルが七十歳のときのことである。

この突然のカムバックに世界中の人々、特に女性たちは驚愕せずにはいられなかった。この年齢でシャネルは、戦後登場した若いデザイナーたちに戦いを挑んだのだ。

わたしはいつも、自分が既にしたこと以上に優れたことをする必要を感じていた。

働く女性がまだ少なかった時代であり、しかも定年をはるかに超えた年なのに、彼女は新たな生を受けたかのように、生き生きとした表情で昼も夜も働き続け、コレクション発表の準備をした。戦前に働いていた確かな腕をもつお針子たちも戻ってきて、世界中から集まった興味津々のジャーナリストたちの視線を浴びながら、ショーはカンボン通りのブティックで開催された。

しかし、熱い意気込みをもってクリエイトしたにもかかわらず、このコレクションは期待していた評判を得ることはできなかった。多くの人が、やはりシャネルは戦前のデザイナーで、彼女の時代は終わったのだと思った。けれども、それでくじけるシャネルではなかった。

力は失敗からつくられるもので、成功からではない。

逆境を乗り越えることを幼い頃から学んでいた彼女は、このショーを糧として飛躍する術《すべ》を知っていた。

不評に終わった復帰後初のコレクションののち、熟考に熟考を重ね、紳士服からヒントを得た、ウエストを絞らない直線的なジャケットを発表する。機能性とエレガンスの両面を備え、着心地がよく、動きやすく、見た目にも美しいラインを描くそのジャケットは、ゆったりしたラインのスカートと組み合わせ、女性たちに体の自由を与えた。働く女性ならではの細かい配慮が満ちているそのスーツは、シャネルが比類なきデザイナーであることを実証し、絶賛を浴び、「シャネル・スーツ」という名称さえも生み、時空を超えて愛され続けるのである。

劇的な再登場を遂げたシャネルは、その後も水を得た魚のようにクリエーションを続けていく。

シャネルは結婚をしなかったし子どももいなかった。やがて訪れる時代が求めるものを誰よりも早く的確にとらえ、形あるものとして世に知らせることだけが、生きる力の源泉だった。八十七歳で世を去るまで働き続けたシャネルは、多くの教訓を残した。中でも、人生の途中で出会った人々から多くを学び取って自分のものとする重要性や、可能性は年齢に関係なく何度もあり、どんな立場に置かれようとも、ポジティブな考えをもつべきだということを身をもって示し、女性たちに大きな影響を与えている。

どのようにお金を使うかによって、わたしは人を判断する。女性たちに言いたいわ。お財布をもっている男性と結婚したらダメって。

体の手入れのことを語るけれど、精神の手入れはどうなの？　美しくなるのには心と魂の手入れから始めなければならない。そうでなければ化粧品は何の役にも立たない。

自分で敷いたレールの上を真っ直ぐ進むの。たとえ退屈なときがあっても。

シャネル・スーツがそうであるように、シャネルの生き方や考え方には、時代に押し流されることがない現代性が常にあるのである。

二十世紀を代表する女性ココ・シャネルに魅せられ、その生き方を書くことはかねてからの念願だった。けれども、シャネルに関する書物は既に何冊もあるので、異なる視点で書こうと思い、その結果、彼女が歩んだ人生に大きくかかわった八人を選び、その人たちを通してシャネルが辿った比類なき人生を語ることにした。

こうした内容で書いた原稿を読んで刊行を決定して下さった、さくら舎代表の古屋信吾氏、細かい作業をして下さったさくら舎編集部の中越咲子さんに、心より感謝申し上げたい。

本書からシャネルの新しい面を感じていただけたら、この上なく幸いである。

目次◆シャネル——シャネルを支えた8人のレジェンドと生きている言葉

第2章　才能を花開かせた、最愛の恋人

実業家　**カペル**

第3章　芸術・文化支援《メセナ》活動の憧れの人であり生涯の友

社交界の女王　ミシア

第6章　孤独の理解者
詩人　ルヴェルディ

第7章 「マリンルック」「ツイードのスーツ」を生んだ暮らし

イギリス最高位の貴族

ウェストミンスター公爵

シャネル

——シャネルを支えた8人のレジェンドと生きている言葉

第1章　すべてのはじまりの出会い

大富豪　バルサン

コンピエーニュの森

パリの北に広がる雄大なコンピエーニュの森。その近くの都市ロワイヤリューで、小柄でほっそりした若い女性が凜とした姿で馬を操っていた。

その出で立ちは、ぱっと人目を引くところがあった。当時男性のみが愛用していた乗馬ズボン、ジョドパーズを着用していたのである。ウエストから膝までゆったりとし、膝下から足首までぴったりしているそのズボンは見た目が悪いため、ふわふわしたスカートばかり着用していた当時の女性たちは好まなかった。彼女たちはスカートとレザーのブーツという優雅な装いで乗馬を楽しんでいたのである。

ところがその若い女性は、男性と同じようにジョドパーズをブーツの中に入れていた。それだと馬に跨《また》がることができる。スカートだと横向きに座るようにしなければならない。これでは思い切った乗馬ができない。どうせなら男性と同等な立派な騎手になりたい。

わたしはインテリでもないし、劣等生でもない。だけど大量生産の女性でないとわかっているわ。

この、ジョドパーズを着用し、男性のように乗馬している女性――ガブリエル・シャネルは、そのとき既にほかの女性たちと異なり、アイデンティティをしっかりもつ人だった。

カフェ・コンセールのココ

シャネルがロワイヤリューに暮らすようになったのは、馬に格別な情熱を抱いていた男性、エティエンヌ・バルサンの誘いがあったからである。彼との出会いはフランス中部の都市、ムーランだった。

ムーランの修道女が経営する宗教施設ノートルダムの寄宿生だったシャネルが、そこを離れたのは一九〇二年のこと。十八歳に達したために規則に従い独立しなければならなかったのである。それ以降彼女は、もっとも気が合う叔母アドリエンヌと共に、

17歳頃のシャネル

町にあったカフェ・コンセール「ラ・ロトンド」で歌いながら暮らすようになる。

カフェ・コンセールというのは、流行のシャンソンなどが演奏されるカフェである。当時はベル・エポックとよばれる、パリを中心に新しい文化や芸術が栄えた時代。人々は流行の波に乗って次々と生まれたカフェ・コンセールに足を運んで、平和な時代を祝福して乾杯し、歌手の歌声に身を任せながら幸福感に浸《ひた》っていた。パリに発祥し、勢いよく地方に浸透していったカフェ・コンセールで歌うのは、女性たちの憧れだった。

シャネルは歌がとびぬけて上手だったわけでもなかったし、アドリエンヌのように美人でもなかった。けれども彼女にはチャームがあった。人の心を惹きつけないではいられないオーラがあった。特に、内気な彼女が見せる少しはにかんだような笑顔が愛らしかった。

彼女が得意とするのはパリでもっともシックだと語られていたカフェ・コンセール、スカラで歌われていた『ココ　リ　コ』と、『トロカデルでココを見たのは誰？』

だった。

この歌からシャネルは「ココ」という愛称でよばれるようになった。彼女がかすれたような声で歌うたびに拍手が湧きおこっていた。

ムーランに駐屯していた貴族や富豪の息子たちが属する猟騎兵の間で、アドリエンヌとココは人気者だった。彼女たちの崇拝者のひとりエティエンヌ・バルサンは、またたく間にシャネルに特別な好意をもつようになる。

エティエンヌ・バルサン

バルサン家は千五百人もの従業員がいる繊維工場を営む富豪で、その本拠地はフランス中部の古い歴史がある都市シャトールーだった。エティエンヌの父オーギュストはその町の市長を務めていた名士だったのである。

しばらくの間シャトールーの軍隊にいたエティエンヌ・バルサンは、その後ムーランへの配置換えを自ら希望し、願いがかないその地に駐屯するようになる。

中肉中背のバルサンは丸顔で、口ひげをはやし、ブラウンの髪の平均的男性だった。

彼の大きな取り得は、気さくで、快活で、寛大で、ユーモアがあり、よく食べよく飲み、人生を楽しんでいることだった。

馬に馴染《なじ》みながら育ち、乗馬に夢中になっていたバルサンには、小さい頃から抱いていた夢があった。いつの日にか自分の競走馬を有名な競馬場に出場させ優勝させたい。それに情熱のすべてを捧げていたバルサンだった。

父母の遺産を二人の兄、ロベールとジャックと分け合い、多額の財産を手にしたバルサンは、一九〇四年、コンピエーニュ近くのロワイヤリューに住む未亡人が、屋敷を売りたがっていることを知る。

早速足を運ぶと、馬を育てるのに理想的条件が揃っているではないか。何ヘクタールにも及んで牧草地が続き、豊かな木も茂っている。その中に立っている館は重苦し

エティエンヌ・バルサン

い趣《おもむき》でバルサンの好みではなかったが、競走馬を育てることを優先する彼は、即座に購入を決める。

一方、ムーランで人気を博したシャネルは、そこからさほど遠くないところにある高級な保養地ヴィシーで暮らすようになり、歌手としていま以上の成功を収めたいと歌い続けていた。

ある日バルサンがヴィシーを訪れ、二人は連れ立って町の左手を流れるアリエ川を横切り、その向こうに広がる草原を歩いていた。ロワール川の支流の細いアリエ川から立ちのぼる香りは爽やかで、遠くには山も見える。澄み切った空気の中で、騎手と若い厩務員《きゅうむ》が馬を進めている姿が見えてきた。それは、まるで、一枚の絵を見るようにシャネルには思えた。

「何てステキな暮らしなのかしら！」

シャネルは大きくため息をつき、それに応えてバルサンは言う。

「僕の生活は一年中これと同じですよ。コンピエーニュに暮らしているからね。僕の家に来れば君もこういう生活を送ることができますよ」

ロワイヤリューの優雅な毎日

シャネルがバルサンの誘いに応じて汽車でコンピエーニュの駅に降り立ったのは一九〇七年で、彼女は二十四歳だった。迎えに来たバルサンの車に乗り、ロワイヤリューに着いたシャネルは、目の前に見える豪奢《ごうしゃ》な館に圧倒される。

一三〇三年に僧院として建築された建物を、バルサンは莫大な財産をつぎ込んで瀟洒な館に改造していたのである。厩舎も大々的に手を入れたし、牧場の整地もした。人が好きで寛大な彼は、友人たちが快適に過ごせるようにいくつものベッドルームをつくり、しかも当時は珍しい存在だったバスルームまでつけていた。そのどれもが広々とし、豊かさがあふれていた。

シャネルが使用する部屋には、ルイ十三世の時代にもてはやされた格子入りの背が高い窓があり、そこから豊かに育った木が並ぶ広大な裏庭が見える。窓を開けると緑の香りをいっぱい含んだ新鮮な空気が一挙に飛び込んでくる。風になびくカーテンが頬をなでる感触は優しく、幸福感が勢いよく全身を駆け巡る。

十一歳のときに母を亡くし、家庭の温かさも豊かさも知らずに育ったシャネルの上質な日々は、そのとき、そこで始まった。

ロワイヤリューの館には、厳しい目で監視する修道女もいなければ、小言を言う親類の者もいない。働くために時間を気にする必要もない。お金の心配も皆無だ。自分の時間はすべて自分のものだった。読書好きなシャネルは夜更けまで本を読み、眠気がさすと本をサイドテーブルの上に置き、お昼頃まで寝ていた。

けれどもそれは当初だけで、バルサンから乗馬の手ほどきを受けるようになると、すっかりその虜《とりこ》になったシャネルは早朝から乗馬に励む。雨が降ろうと強い風が吹こうと、彼女は乗馬の練習を休むことはなかった。彼女はチャレンジ精神をもつ女性だった。何か新しいことに手をつけると、自分が納得するまで努力を惜しまない人だった。

ロワイヤリューに滞在するバルサンの友人には、アンリ・フォワ男爵やレオン・ドゥ・ラボルド伯爵など由緒ある貴族もおり、富豪も多かった。彼らは皆、働かずに優雅な生活を送っていたし、ほとんどの人に愛人がいた。親から多額の遺産を受け取ったバルサン自身がそうだった。彼にも複数の愛人がいた。

乗馬の腕があがったシャネルは、バルサンの友人たちと共に行動するようになる。馬好きな人ばかりなので、競馬場にも頻繁に行っていた。近くのシャンティイはもちろん、パリのロンシャン、ヴァンセーヌ、時には泊りがけでドーヴィルに行くこともあった。競馬は屋外の社交場で、お洒落《しゃれ》と話術が重要だった。知識がまだ不十分で話術に自信がない若いシャネルは目立つことを控え、ひたすら友人たちの様子を観察する。

「シャネルの帽子」

ロワイヤリューでの日々は、乗馬、トランプ、噂話がほとんどで、女性たちはモードの話に夢中になっていた。上等なワイン、上等な食事、舞い上がる香水と葉巻の香り、あたりに響く華やかな笑い声……。

十八歳まで寄宿舎で規律正しい生活を送り、そのあとは生き抜くために働き続けていたシャネルは、日に日にそうした暮らしに、もの足りなさを感じるようになる。安易な生活に嫌気すら覚えた。

バルサンのシャトーに招かれる女性たちと、人生観や興味の対象が異なることをいち早く察したシャネルは、彼女たちと同等に見られたくなかったために服装に差をつける。

ほとんどの女性たちがフレアーがたっぷりあり、レースやリボン飾りをごてごてつけた華やいだドレスを好んでいたが、シャネルはござっぱりしたシンプルな服を着ていた。何の飾りもない服はどことなく寄宿舎の制服に似ていた。

時にはバルサンやレオン・ドゥ・ラボルド伯爵のシャツやネクタイ、あるいはレザーのボタンがついたコートなどを着用することもあった。帽子は細いリボンの縁取りがあるカンカン帽で、彼女の小さな頭がすっぽり入っていた。その姿は、フェザーや造花で飾りたてたつばの広い帽子を被っていたバルサンの招待客と、何と異なっていたことか。何とさっぱりしてフレッシュだったことか。

シャネルは既にその時代に、自分で考え出したスタイルをもっていたのだ。

当初、そうしたシャネルは単に風変わりな人と見られていただけだったが、そのうち、彼女独自の服装に何とも言えない不思議なチャームがあると噂されるようになる。競馬場でも、見慣れないシンプルでボーイッシュな装いの彼女は目立っていた。

男性のみが着用していた乗馬用ズボン、ジョドパーズを近くのラクロワ・サン・トゥアンの仕立て屋にオーダーしていたシャネルであったが、帽子は自分でつくっていた。頭がすっぽり隠れる帽子が彼女のお気に入りだった。

競馬場で見かけた女性たちがわたしをぞっとさせたのは、帽子の中に頭が入っていなかったから。わたしの帽子は耳まで届いていたわ。

シャネルの帽子はボーイッシュで、フレッシュで、いかにも新しい時代を象徴しているようで、バルサンの女友だちが自分用の帽子もつくってほしいと頼むようになる。暇つぶしのためだったので、シャネルはお金を要求することもなく引き受けた。

アトリエ、オープン

パリのデパート、ギャラリー・ラファイエットに行って必要な材料を買い求め、デザインをあれこれ考え、自分の手で帽子をつくることは刺激的だった。シャネルはその作業に大きな喜びを、さらには生き甲斐さえ見出していた。注文が増えるにしたがって、彼女は漠然と思うようになる。これを自分の仕事にしたらどうだろうか。

ロワイヤリューでは皆のアイディアで劇を面白おかしくつくり、演じることもあった。その衣装を担当したのはシャネルだった。ノートルダムの寄宿生だった頃、生徒たちは修道女から裁縫を習っていたので、彼女は布地を扱って服をつくることも知っていたのだ。

そんなある日、シャネルはバルサンに言う。パリで本格的に帽子をつくって販売したいと思っているの。なに？　ロワイヤリューで何の不自由もない生活をしているというのに、働きたいだって？

バルサンにはシャネルの気持ちがさっぱりわからなかった。女性が働くことなど、裕福な暮らししか知らなかった彼には考えられなかったのだ。彼がシャネルと知り合ったとき、彼女は歌手だった。歌手や女優は多くの女性の憧れの的だったから、それは理解できる。けれどもココはどうやらビジネスをしたいらしい。しかし、一体なぜ？

もしかしたら田園生活に飽きたのかもしれない。単に刺激が欲しいだけにちがいない。しかしながら、それもきっとつかの間の気まぐれだろう。

そう思ったバルサンは、パリの高級住宅街にもっていたアパルトマンを好きなように使っていいと、シャネルに提供した。

バルサンがもっていたアパルトマンはマルゼルブ通り百六十番地にあり、外壁に彫刻をほどこした、均整がとれた優美な建造物で、年に数回、短期間過ごすために使用する程度だった。その一階の三部屋に、シャネルは帽子のアトリエを設けた。顧客を迎える部屋も準備した。ロワイヤリューに住むようになって約一年後の一九〇九年春、彼女は二十五歳だった。

夢の芽生え

本格的に帽子をつくるにはその道のベテランが必要である。そう思ったシャネルは、高級帽子店として名を成していたレウィスに目を付ける。そこには確かな腕をもつと評判のリュシエンヌ・ラバテがいた。まったく無名だったシャネルであったが、自分のアトリエで働くよう説得に説得を重ね、彼女の引き抜きに成功する。クライアントの接待は三歳年下の妹アントワネットが受け持つことになった。

ロワイヤリューで既にシャネルの帽子を気に入っていた女性たちが、興味にかられてマルゼルブ通りに顔を出すようになるのに、さほど時間はかからなかった。日に日にクライアントが増えると、リュシエンヌがもとの同僚二人に声をかけ、シャネルのアトリエで働くようにする。

事業は順調に進んでいった。自信がついたシャネルは本格的なブティックが欲しくなり、精力的に歩き回った彼女は、ヴァンドーム広場近くが理想的だと判断を下す。ナポレオンが頂上に君臨する円柱があるその広場に面した場所には、宮殿のように豪華なホテル・リッツがあるし、最高級宝飾店が軒を並べている。そこには一年中金持ちや著名人が出入りしている。自分のブティックはその界隈しか考えられない。

大きなことをしたかったら、まず夢をもたなくてはいけない。

決断も実行も素早いシャネルは、膨らむ一方の夢を実現するのに必要な莫大な資金の調達をバルサンに相談する。これまで自分に対して甘かったバルサンだ。今回も気軽に出費してくれるだろうとシャネルは思う。ところが、彼の反応は明確だった。

「ノン、ノン、ノン」

説得する余地がないほどはっきりした返事だった。

その頃彼は牧場の拡大と競走馬飼育に投資しようとしている矢先だったのである。それなのに、帽子のブティックをオープンしたいだって？　しかもヴァンドーム広場近くにだって？　ココの気まぐれのためにそこまでする気などまったくない。

唯一頼りにできるバルサンに断られたシャネルだった。けれども彼女はくじけなかった。体は細く華奢《きゃしゃ》だったが、精神力は叩いても叩いてもびくともしないほど強靭だった。そうしたシャネルに幸運の女神が近寄った。パリとロンドンの社交界で名が知られていたイギリス紳士、ボーイことアーサー・カペルが手を差し伸べたのである。

第2章　才能を花開かせた、最愛の恋人

実業家

カペル

ひと目ぼれ

ある日、バルサンと友人たちは汽車でポーに向かった。そこで開催される騎馬猟に招待されたのだ。当然、シャネルも同行した。

スペインとの国境に近いピレネー山脈の麓にあるポーは、十九世紀半ばからイギリスの富豪たちが休暇を過ごすお気に入りの地となっていた。心地よい気候が彼らを魅了したのだった。ブルボン王朝を築いたアンリ四世の生誕地でもあるポーは、古い歴史と壮大なピレネー山脈の景観に恵まれた落ち着きがある町である。

豊かな緑の中、馬で散歩を楽しんでいるときだった。数人の人と、馬を優雅に操っている男性をシャネルの目が素早くとらえた。

その男性はとても美しく、ブラウンの髪の毛で、魅惑的だった。彼は美しいというより、素晴らしかったわ。

のちにシャネルの伝記を書くポール・モランに彼女はそう打ち明ける。

グリーンの瞳を輝かせるその人に、シャネルは打ちのめされた。ひと目ぼれだった。何とエレガントな人。何と優雅な物腰。

彼はイギリス人でアーサー・カペルと名乗った。

自尊心と情熱

バルサンの友人でもあったカペルは、ロワイヤリューにも顔を出すようになった。友人たちが親しげにボーイとよぶ彼は、そのとき独身だった。

カペルの出生にはいくつかの説があり、中でも、フランス人の銀行家であり、多くの企業主でもあったペレールの私生児だったという説は根強い。

ペレールはナポレオン三世の時代に鉄道を発達させ、セーヌ県知事オスマン男爵の指揮の下に大々的に実施されたパリ大改造に従事し、現在見られる整然とした美しい

アーサー・カペル

都を築いた重要人物のひとりである。

カペル自身は両親に関して口を閉ざして語らなかった。イギリス人の貿易商の父とフランス人の母の間に生まれたというのが通説になっている。けれども後年に、フランス首相を務めたジョルジュ・クレマンソーから高く評価されるほどの人格と思想をもっていたことから、彼がかなり有能で有力な人物の息子であることは十分考えられる。

競走馬の厩舎をもち、イギリスでもフランスでもポロの名手としてもてはやされていたダンディな彼は、優れた実業家でもあった。

自力で石炭輸送会社を起こし、努力を重ねながら財を成し、誰の目から見ても男らしい魅力を放つ人だった。精力的に機敏に仕事に励むカペルには格別な輝きがあった。受け継いだ財産でのらりくらりと暮らしているバルサンとその友人たちと、何と異なっていたことだろう。しかも彼はシャネルより二歳年上にすぎなかった。

ボーイは格別なエスプリの人だった。五十歳の男性の経験をもつ若い青年だった。

シャネルが帽子店をパリで経営したいと語ったとき、カペルは彼女の中に燃えるような強い意志があるのを察知する。行動の人である彼は、直ちに自分が取引している銀行に相談し、彼女名義の口座を開き、借金ができるようにする。それをもとにしてシャネルがアトリエとブティックをオープンしたのは一九一〇年の秋だった。場所はかねがね彼女が夢見ていた、ヴァンドーム広場の裏手にあるカンボン通り二十一番地だった。

彼女が希望の地にオープンした帽子店のドアには『シャネル・モード』と看板がかけられ、伝説のメゾンが正式に誕生した。

意地悪の中には力が、そして自尊心の中には成功したいとか偉大な

ものへの情熱が潜んでいる。

原石を磨く

シャネルはカペルと暮らすようになった。二人の住まいはエリゼー宮殿近くのガブリエル通りのアパルトマンだった。豊かに育ったマロニエの街路樹がひときわ美しく、高級感があたり一面に漂っている静かな通りである。

アパルトマンは豪華な家具で飾られた。二人が特に気に入っていたのは、黒とゴールドの中国製のコロマンデル屛風《びょうぶ》だった。タペストリーのように壁を飾ったり、場合によっては仕切りとしても使用できる屛風は、それ以降、生涯を閉じるまでシャネルの傍らにいた。まるで彼女を外敵から守るかのように。

夜には着飾って観劇やオペラを共に楽しみ、週末には読書家のカペルの影響もあって、シャネルも時間があると本を開いていた。彼女はカペルの知性に傾倒し、彼にふさわしい女性としての教養をつける努力をする。

カペルはシャネルに磨きをかけることに喜びを覚えていた。彼女はダイヤモンドの原石のように、磨き方によって格別な輝きを放つ素質があると見ていたのだろう。そうでなければ、すべてをもち合わせ、女性たちの憧れの視線を独占しているようなカペルほどの男性が、世間知らずで未熟なシャネルに愛を抱くわけがない。

彼はバルサンを取り巻く人々との交際を快く思っていなかった。

「彼らは君を損なってしまうから」

カペルは自分の手でシャネルを育て、彼が属する社交界に紹介したいと思っていた。だがいまはまだその時期ではない。もっと時間をかけて彼女のよさを引き出さなければならない。いい友人をもち、いい環境の中に暮らすことが重要だ。甘やかしているだけではダメだ。礼儀もモラルも教えなくてはならない。

頭の回転が速く、大きな好奇心があり、何より努力家であったシャネルは、それに応えるように日に日に変貌していく。

カペルは徐々に輝きを発するシャネルに満足し、柔和で気品ある微笑を浮かべる。

彼はわたしの人生の大きなチャンスだった。わたしを堕落させない人に出会ったのよ。

多くを教えるカペルはシャネルにとって父であり、兄であり、家族全員だった。そうしたカペルをシャネルはこよなく愛し、カペルもまた、ほかの女性と異なる魅力を放つシャネルに寛大な愛を注いでいた。

大賑わいの『シャネル・モード』

カンボン通りにお店をもつようになっても、ビジネスをまったく知らなかった。銀行が何であるかも、小切手が何であるかも知らなかった。

そんなシャネルだったが、カンボン通りのブティックは大繁盛していた。当時の女性たちが被っていた帽子は、フェザーやレースをふんだんにあしらった、モニュメントのようなごってりしたものが多かった。ところがシャネルの帽子は虚飾を廃したシンプルで、爽やかなものばかりだった。

『シャネル・モード』の帽子をバルサンの女友だちが被って競馬場に行くと、斬新さが際立って見えた。お洒落に敏感な女性たちは心を奪われ、先を争うようにカンボン通りへと向かっていたのだった。

彼女の名は人々の間で語られるようになり、帽子を買う目的ではなく、シャネル本人見たさにブティックを訪れる婦人さえいた。

人気を博していた雑誌『レ・モード』はシャネルの才能を語り、女優ガブリエル・ドルジアやオペラ歌手ジュヌヴィエーヴ・ヴィックスが、彼女の帽子を被っている写真も掲載した。

ガブリエル・ドルジアが劇場でモーパッサンの名作『ベラミ』の主役マドレーヌ・フォレスティエを演じたときには、シャネルが帽子を担当するほどになった。

「自由を買わなくてはならなかったの。どんなに高くても」

『シャネル・モード』はオープンした約一年後には利益が出るようになり、カペルの名や保証金を必要としない素晴らしい業績を上げる。

わたしは極端なほど世間知らずだった。どこにでもいるようなごく普通の田舎の女の子だったの。ほかの人が興味をもつようになるなんて、思ってもみなかったわ。

しかし「ごく普通の田舎の女の子」は、もうそこにはいなかった。経験を積み重ねることによって、経営方法まで学んだ彼女は、無駄な出費を極力抑えるために、細部に至るまですべて自分で目を通していた。

わずかな期間でシャネルは金銭的に完全に独立した。

わたしは誰にも借りがない。
何という喜び！
わたしは自分自身の主人で、誰にも拘束されていないのだわ。

自由。

それこそシャネルが必要としていたことだった。

避暑地のブティック

カペルがシャネルと連れ立ってドーヴィルに行ったのは一九一三年七月だった。実業家として破格の成功をしたカペルは、そのエレガントな避暑地にシャネルがブティックをもつことを思いついたのだ。

フランスとイギリスの富裕階級の人々が好むドーヴィルには、瀟洒な別荘が立ち並び、競馬場もあれば、カジノもある。趣ある高級なノルマンディー・ホテルもある。広い浜辺は手入れが行き届いていて美しい。

開放感と豊かさが満ちあふれているその地では、ブティックはパリと異なる展開にちがいない。そう思ったカペルはゴントー・ビロン通りにシャネルのための店を入手する。彼は常に決断と実行が素早い人だった。

カジノからもノルマンディー・ホテルからも近い距離にあるその通りには、高級なブティックが並んでいた。それは、パリで既に名を語られていたシャネルに理想的な場所だった。

シャネルのアイディアでブティックには真っ白い日よけがかけられた。そこに黒い文字で『ガブリエル・シャネル』と書かれた。避暑地にふさわしい清々しさがあふれるブティックの表示だった。


通りに面したウィンドウを飾っていたのは帽子だけではなかった。パリのブティックでは取り扱っていない洋服もあった。

猟師が着ていた服にインスパイアされてつくったストライプのシャツや、大きな貼り付けポケットがあるジャケットもあったし、ジャージーを素材とした服もあった。そのほとんどがメンズウェアからヒントを得たもので、働く女性であるシャネル自身が、実際に身につけて快適さをよく理解していた服ばかりだった。

ドーヴィルでゆったりとヴァカンスを過ごすご婦人方は、体に開放感を与える装いを求めているのではないか。リゾート地には気軽に着られる服が似合う。コルセットに締め付けられる服装はパリだけで十分だ。そう判断したシャネルがつくる服は、どれも自由なエスプリが込められており、動きやすく快適だった。

彼女の判断は正しかった。ブティックはたちまち評判をよび、顧客はどんどん増えていった。

チャンスをよぶ力

当時、モード界の大御所として君臨していたのはポール・ポワレだった。彼は一九〇六年にコルセットを使わないハイ・ウエストのドレスを発表し、自然な体の美しさを押し出した服へとファッションを転換させた革命児である。幸運なことに、そのもっとも重要なクライアントだったロスチャイルド男爵夫人が彼と仲たがいし、シャネルに服をオーダーするようになった。彼女の金持ちの友人たちもこぞってシャネル側についた。

カペルにめぐり合ったチャンスに引き続き、ドーヴィルでの成功にもチャンスが働きかけたのである。

わたしがチャンスに恵まれていたと言うのを聞くといらだつわ。誰も私以上に働いた人はいない。働きもしないで、魔法を使ったりアラジンのランプを磨いたり、あるいは誓いを立てたりなんてことは単に想像にすぎないのよ。

シャネルが何度かチャンスに恵まれたことは確かだ。けれども、それを生かす才知、そしてエネルギーがなければ、歴史に残るモードの改革とそれに伴う飛躍はなかった。彼女は誰からもモードを教わらなかった。自分の感性を信じ、それに従い、形で表現していた。

シャネルは時代をつくる要素をもつ稀有《けう》な女性だったのである。

第一次世界大戦、勃発

一九一四年、第一次世界大戦が始まり動員されたカペルは、シャネルにドーヴィルに留まるよう助言する。それは爆撃を受けるであろう首都パリが危険だからであり、さらに金持ちが戦火を逃れてドーヴィルに集まることを予測したからだった。シャネルはカペルの助言通りにブティックを閉めなかった。

さすが、フランスの首相となったクレマンソーから一目置かれていた人物だけあって、カペルは時代の正確な動きを鋭敏に読む人だった。

カペルが予想した通り、由緒あるノルマンディー・ホテルは、パリから逃れてきた富裕な人々で満室になり、その後方に広がる別荘地帯も賑わっていた。戦争で負傷した人々の資金援助のために華やいだガラ（特別興行）も催された。その度にシャネルはドレスをつくっていた。

ご婦人方のためのシンプルでスポーティな日常着は相変わらず人気があったし、負傷兵を入院させるためにロワイヤル・ホテルが病院に変えられ、看護婦のために仕事がしやすい服をつくるのも彼女の役割だった。

誰もが店を閉めていたドーヴィルで、ブティック『ガブリエル・シャネル』だけが燦然《さんぜん》と輝いていた。

とはいえ、秋が深まり冬の冷たい空気がドーヴィルを包む季節には、パリに戻る人も多かった。シャネルもパリへと戻り、ガブリエル通りのアパルトマンに暮らす。

カペルが数日間の休暇をもらって彼女のもとに戻ってきたのは一九一五年の夏だった。

彼は彼女の顔を見るや否やビアリッツに行こうと提案する。

中立を保っていたスペイン国境近くのその地は戦火から程遠い。海は青く、気候は穏やかで、住民は明るく温かい。

十九世紀から、イギリスやスペインの王侯貴族が好むリゾート地となっていたビアリッツを特に気に入ったナポレオン三世の皇后ウジェニーは、のちにパラスホテルとなる豪華なヴィラを建てさせた。風光明媚で海産物にも恵まれたビアリッツは、地上のパラダイスのようだった。

初めてのオートクチュールサロン

ビジネスに長《た》け先見の明があるカペルと、アイディアと才能の宝庫をもつシャネルは語り合った。ビアリッツにもブティックをもったらどうだろう。

シャネルの感性と事業の才覚に全面的信頼を置くようになっていたカペルは、資金を提供する。ハイレベルのリゾート地であるビアリッツは、それなりの服がいい。ドーヴィルはシンプルな日常着が多かったが、ビアリッツは王族や貴族や大富豪をターゲットとしたオートクチュール（仕立て服、オーダーメイド）がいい。

素晴らしく仕立てた高級服から、既製服が生まれるけれど、その逆はない。

オートクチュールのブティックを開くには、それにふさわしい場所に、高尚な顧客を迎えるにふさわしい館を借りなければならない。優雅なインテリアのサロンが必要だし、素材も上質でなければならない。お針子も優秀な人を集めなければならない。莫大な資金がいる。

オープンにあたってカペルの援助は必要だった。しかし、シャネルにとってそれは、あくまでも一時的な借金にすぎなかった。

オートクチュールのサロン、アトリエ、そして住まいを兼ねた館は大きなヴィラだった。

『ヴィラ・ド・ラルド』とよばれるその館は、カジノ前のガルデール通り五番地にあり、広々とした中庭もあった。十九世紀にイギリス人によって建築されたその館には、ベランダつきの大きなサロンがあり、そこで毎週木曜日に晩餐会や仮面舞踏会が催されていた。ガラス張りのロトンド（ドーム状の天井）からは美しい空が見え、スペインやイギリスの貴婦人、別荘をもつ富裕階級のフランス人を迎え、オートクチュールを披露するのにふさわしかった。

パリとドーヴィルで名声を得ていたシャネルが初めて手がけたオートクチュールは、好評という言葉では表現しきれないほどだった。まるで優れた芸術作品のように賞賛されたのである。

オープンした一九一六年に、アメリカの権威あるモード雑誌『ハーパース・バザー』が早速記事を載せた。ウエストを絞らず、そこにスカーフを結ぶシンプルでそれでいて優美な流れがあるドレスだった。「シャネルのチャーミングなシュミーズドレス」と、雑誌は見事な表現をした。

それはシャネルが戦時中にひとりで成し遂げた、輝かしい勝利に等しかった。帽子から始めた小さなクリエーションが、いまやオートクチュールで認められたのである。『ヴィラ・ド・ララルド』に多くのご婦人方がひっきりなしに訪れ、お針子は六十人でも足りないほどになった。

カンボン通りのブティックも気になっていたシャネルは、妹のアントワネットをビアリッツによび寄せてディレクターとし、彼女自身は精力的にパリとビアリッツを行き来する。ふたつのアトリエで働く人は三百人にものぼっていた。

ジャージーの名誉

戦争が男性を戦地に送り込み、残された女性たちは自分たちで動かなければならなかった。以前のように着飾って人形のようにしているわけにはいかない。動きをスムースにする服が必要だった。

シャネルは既にドーヴィルで、リゾートウェアにジャージーを使用したことがあった。自らも身につけて、その耐久性も柔軟性もよく知っていた。布地の購入も難しくなっていた戦時中というその時期に、彼女は素材で頭を悩ましていた。そうしたときに、ジャージーメーカーのロディエが大量のストックを抱えていることを知る。カペルと同じように決断が早いシャネルは、ロディエの在庫をすべて買い、ジャージーの服づくりを大々的に行った。

仲縮性があるジャージーを使用した服は着心地がよく、体の動きにつられて一緒に動いてくれる。それまでのように服に体を合わせるのではなく、服が体に従ってくれる。ジャージーを使うことによって、シャネルは女性たちの体に自由を与えたのだった。また、知る人ぞ知る存在であったジャージーの可能性も示した。

ジャージーは以前は服の裏にしか使われなかったけれど、わたしは表になる名誉をあげた。

シャネルの服には注文が殺到し続け、利益が増え、シャネルは借りた資金を全額カペルに返した。いまや彼女は経済的に独立したのだ。

もう、彼女のために資金を調達することもないし、事業の発展に口を挟むこともないだろう。独り立ちしたシャネルを寂しそうに見つめながらカペルは言う。
「僕は君にオモチャを与えてあげたと思っていたけれど、自由をあげたのだね」
シャネルはカペルが思っていた以上の才覚ある女性だったのだ。

バルサンもカペルもわたしのことを捨てられた可哀そうなスズメだと思っていたけれど、実際にはわたしは野獣だったの。人生に対して自分を守ることを少しずつ学んでいったわ。

ひとつの世界が終わりをつげ、もうひとつの世界が生まれようとしていた。そこにわたしはいた。チャンスが差し出され、わたしはそれをつかんだのよ。

有能で有益な意見をもつカペルは、生まれ故郷イギリスが必要としていたようで、戦争の最中はロンドン滞在が多くなった。文学や歴史に精通し優れた見解を新聞や雑誌に寄稿していたカペルは、貴族出身のイギリス首相ロイド・ジョージの信頼を受け、フランスの首相クレマンソーとの間を取りもつほどになる。

ポロの達人であり、大実業家であり、文才があり、偉大な政治家の信頼を受ける思考のもち主で、着るものにもいい趣味をもつダンディなアーサー・カペル。

シャネルが愛を捧げていた唯一の人は、彼女同様に比類なき人だった。

彼に会えない日が続いている間に、シャネルは長い髪をばっさり切った。

髪の毛を切る女性は、人生を変える準備がある女性。

と彼女は言う。それは、パリとビアリッツを行き来しながら、クチュリエとしての、同時に、実業家としての地位を確固たるものとした、頭の回転が速く活動的で機敏な女性にふさわしかった。

「ありふれた愛はいらない」

すべてを手にしたようなシャネルだったが、ある日、彼女は知る。カペルが結婚したことを。一九一八年のことだった。相手は由緒あるイギリス貴族令嬢、ダイアナ・リスターである。

カペルが徐々に自分から遠のいていたことを、敏感なシャネルは気がついていたようだった。だから、彼が妻を迎えたことを知っても取り乱すことはなかった。それに、泣き叫ぶにはシャネルの自尊心はあまりにも強かった。

カペル所有のマルゼルブ通りのアパルトマンに暮らしていたシャネルは、間髪を入れずにそこを出る。そのアパルトマンは、偶然にも、彼女が帽子のアトリエを開いたバルサンのパリの住まいのすぐ近くだった。

それ以降シャネルは、アルマ広場からさほど遠くないセーヌ河畔のアパルトマンに住む。

結婚したとはいえ、カペルはシャネルを忘れられないでいた。個性的な彼女に比べ、良家育ちの妻ダイアナは、あまりにも退屈だった。

彼がヴェルサイユの連合国間の戦争高等評議会秘書官に任命され、海を渡ってフランスに居を構えると、カペルとシャネルは再び会うようになる。けれども公になることを恐れたカペルはシャネルに、郊外に住まいを借りるよう勧める。

彼女が選んだのはナポレオンと妃ジョゼフィーヌがこの上なく愛していた、パリ近郊のマルメゾンだった。そこに見つけた館『ラ・ミラネーズ』を借りたシャネルは、幸せだった。

神がわたしに授けてくれた最高の贈り物は、わたしを好きでない人を好きにならなくていいことを許してくれたこと。ありふれた愛とか嫉妬を知らないですむようにしてくれたこと。

広い庭ではバラとリラの花が優美な姿を見せ、爽やかな香りを漂わせていた。太陽を意味する『ソレイユ』と、月を表す『リュンヌ』と名づけた二匹の犬も飼った。

小説を超える悲劇

思いもよらない不幸は、突然起きた。一九一九年、クリスマスを間近に控えた十二月二十二日だった。

その夜、シャネルは『ラ・ミラネーズ』にいた。全身全霊を捧げながら仕事に没頭する彼女は、深い眠りにおちていた。

周囲がまだ闇に包まれている早朝四時頃、館のドアを激しく叩く音が響いた。しかもその音は刻一刻と激しさを増していた。

この時刻に、一体誰がと使用人のジョゼフが窓から顔を出すと、ひとりの男性の姿が見えた。カペルともバルサンともシャネルとも親しいレオン・ドゥ・ラボルド伯爵だった。

早く、早く、マドモワゼルを起こしなさい。ラボルドの声が響く。この時間にですか？　そうだすぐにだ。マドモワゼルはとても疲れています。明日の朝ではダメなのですか？　ダメだ、いますぐに伝えなければならないことがあるのだ。

ジョゼフに起こされたシャネルは、白いサテンのパジャマでラボルドの前に現れた。ショートカットでメーキャップもしていないスリムな彼女は

「まるで思春期の少女か、若い青年のようだった」

と、ラボルドはのちに回想している。

ただ事でないことが起きたことは、ラボルドの蒼白の顔が語っていた。彼の体は小刻みに震えていた。それを目の前に見て彼女は、ラボルドの口が発するであろう言葉に恐怖を抱く。

しかし、何という残酷なこと。彼が告げたのは、想像を絶するものだった。あってはならないことだった。

ボーイが……ボーイが……事故にあったんだ。彼は……。

ラボルドは苦しげに、絞るように伝えた。

その言葉を耳にしたシャネルは、それが聞こえなかったかのように硬直したままだった。

涙を流すことも、声を発することもなく、まるでろう人形のように微動だにしないで佇んでいた。

一刻も早く、そこに、あの人がいるところに行きたい。シャネルにはそれしか考えられなかった。一秒でも早く、あの人のもとに行きたい！

シャネルの血を吐くような無言の叫びを全細胞でとらえたラボルドは、彼女を支えながら車に乗り、暗闇を勢いよく突っ切って南仏へと向かった。

カペルはモナコに滞在していた妻ダイアナとクリスマスを一緒に過ごすために、カンヌで待ち合わせていたのだった。事故はその途中で起きた。

愛車ロールス・ロイスのハンドルを握っていたのは彼ではなかった。ドライバーのマンスフィールドだった。パリからカンヌまでは、当時は長い道のりだった。車で十八時間もかかる。そのためにカペルは専門家に運転を任せていたのだ。

パリからフレジュスまで舗装された道路を快適に走り、そこから国道を通りながらサン・ラファエルに行ったあとは、地中海の沿岸沿いにカンヌまでひと走りだ。

事故が起きたのはフレジュス近くの国道に面したピュゲ・シュール・アルジャンだった。

タイヤが破裂し、車が転倒したのである。ドライバーは軽症だったが、カペルは頭蓋骨骨折で即死した。男盛りの三十八歳にすぎなかった。

シャネルとラボルドが二十三日朝三時頃に着いたとき、カペルの納棺は既に終わっていた。

あれほど愛したカペルの品格ある顔も凛々しい姿も、シャネルは再び見ることができなかった。

二十四日にフレジュスの教会で、イギリス軍人にふさわしい名誉ある葬儀が行われると知ったシャネルだったが、彼女はそれに参列することなく、事故現場へと向かう。

そこには残骸となったカペルの車があった。形を崩した車が、彼の死が現実であることを生々しく残酷に語っていた。

それを見た瞬間、シャネルは初めて涙を流した。声をあげて泣いた。彼女はそこで何時間も途切れることなく泣き続けていた。


カペルは自動車事故で亡くなった。それを小説のように書きたくない。彼の死はすごい衝撃だった。

後年、シャネルはそこに十字架の記念碑をつくらせる。鉄柵で囲まれたその記念碑に、彼女は毎年きれいな花を捧げていた。

時の経過と共に記念碑は破損していったが、近年になってリニューアルされ、シャネルが亡き愛する人に想いを馳せてつくらせたモニュメントは、当時の面影を取り戻した。

打ちのめされてパリに戻ったシャネルは、『ラ・ミラネーズ』に閉じこもった。寝室の天井を黒一色に塗らせ、壁を黒い布で覆い、カーテンも黒に変えた。

カペルを失って、わたしはすべてを失くした。

フレジュスに埋葬されたカペルは、生前に遺言を残していた。それに従いシャネルは四万ポンドを受け取る。正式に結婚することはなかったが、カペルにとってシャネルはどこにいようとも、彼から離れることがなかった心の妻だったのだ。

第3章　芸術・文化支援《メセナ》活動の憧れの人であり生涯の友

社交界の女王　ミシア

友情のはじまり

シャネルとミシアが出会ったのは一九一七年、人気絶頂の女優セシル・ソレルの家でのディナーの際だった。舞台女優として人気を博していたセシルにはアメリカ人の大金持ちの愛人がいて、カンボン通りのシャネルのブティックの上顧客のひとりだった。

その日、カペルはパリを留守にしていて、シャネルはひとりで出かけた。当時まだ社交にさほど馴れていなかったシャネルは心細かったのか、控えめにしていた。言葉もほとんど発しなかった。

けれども彼女には何かがあった。何か、人を惹きつけないではいないような輝きが、ほかの女性がもっていない不思議なチャームがあった。ダークヘアー、鋭さがある瞳、きりっとした引き締まりがある薄い唇。彼女は細い体全体で意志の強さを放っているようだった。それを直感的に見抜き、彼女に興味をもったのは、多くの芸術家から慕われていた個性的な美貌の持ち主、ミシア・セールだった。

会話らしい会話もないまま女優の住まいをあとにしようと、シャネルはファーの縁取りがある赤いビロードのコートを着ようとした。そのときミシアが近づいた。彼女は大きな瞳をきらめかせながら、

「何て素晴らしいコートだこと」

と褒める。

その言葉に感動したのか、シャネルはミシアの肩にコートをかけながら、

「あなたにプレゼントできるのはとても嬉しいことです」

と言う。

ミシア

高価な贈り物を受け取るわけにはいかなかったミシアは優雅に断り、翌日早速カンボン通りのブティックへと向かう。シャネルはそのお礼にミシアを自宅に招待する。

それを境に二人の間に強い友情が生まれた。ときには仲たがいす

ることもあったが、ミシアが世を去る一九五〇年まで三十年以上もの長い間、絆を保つこととなった。

女性たちはちっとも面白くない。友情を感じないの。第一フランスでは友情は無謀な賭けなの。

ミシアは、そのように語るシャネルの、生涯の友となったのである。

ミシアの生い立ち

ポーランド人の彫刻家シプリアン・ゴデブスキーを父とし、ベルギー人のピアニスト、ソフィ・セルヴェを母とし、サンクトペテルブルクに生まれたミシアは、シャネルより十一歳年上だった。

芸術家を両親とするミシアの人生は、ドラマの連続だった。

彼女が生まれたとき、父は、ロシア皇帝以上の資産家だった大富豪ユスポフ家から依頼された彫刻を作成するために、宮殿があるサンクトペテルブルクにいた。身重の母はその間ベルギーの実家に暮らしていた。

そんなある日、母ソフィは知る、夫に愛人がいることを。しかもその愛人は、彼女の叔母らしい。いてもたってもいられなくなったソフィは、自分の目で真実を確かめるために、夫のもとへと向かった。

三月のロシアの寒さは厳しい。臨月のソフィはその身を切るような寒さの中を、ひたすらサンクトペテルブルクへと急ぐ。厚い雪があたりを覆っていた。

やっとの思いで夫の住まいに辿りついた彼女は、暖かそうな灯りを窓の中に見る。夫がそこにいる証拠だ。数段の階段をのぼり入り口のドアのベルを鳴らそうとしたそのとき、彼女は高らかな笑い声を聞いた。聞き覚えのある夫の声だった。それに若い女性の声が絡み合っていた。

衝撃は強すぎた。ソフィはその場に倒れその瞬間に子どもを生み、息を引き取った。子どもの顔を見ることもなく。一八七二年三月三十日だった。ミシアの誕生日は母の命日になった。

生まれてすぐに母を失ったミシアは、彼女の祖父母が暮らすベルギーで成長する。祖母アドリアン・フォランソワ・セルヴェは優れたチェロ演奏家で、音楽家との交流がある人だった。彼女の家に招待される人の中にはピアニストであり作曲家のフランツ・リストもいたし、職業指揮者の先駆者といわれるハンス・フォン・ビューローも、作曲家ガブリエル・フォーレもいた。ミシアは豪勢な祖母の家に来るリストやフォーレからピアノの手ほどきを受けながら、裕福で幸せな少女時代を送っていた。

十八歳のときにロンドンやパリで暮らした彼女は、一八九三年、二十一歳で結婚する。相手は父の再婚相手、大金持ちのユダヤ系ポーランド人銀行家未亡人の親戚にあたる、タデ・ナタンソンで、最先端をいく話題の文芸誌『ラ・ルヴュ・ブランシュ』を四年前に発行した文学青年だった。創刊はベルギーだったが、その後拠点をパリに移していた。

ベル・エポックのミューズ

結婚した若いナタンソン夫妻はパリ中心のサン・フロランタン通りに居を構える。彼らの住まいには、当然、文学者や画家が集まるようになる。しかも、皆歴史に名を残した非凡な才能の持ち主ばかりだった。

ミシアはそうした文芸人に囲まれながら、ピアノを滑らかに弾き、教養ある話題で友人たちを魅了していた。彼女の個性的な美貌も振る舞いも知性も、何もかもが芸術的だった。

ナタンソン夫妻のアパルトマンの壁には、ボナールや、ルドン、ヴュイアールの絵が飾られ、ロートレックはミシアをモデルとして『ラ・ルヴュ・ブランシュ』のポスターを描いた。ルノワールは数年にわたり彼女の多くの絵を描いた画家だった。ラヴェルやドヴュッシーはミシアからインスピレーションを受けた曲をつくり、プルーストも彼女の描写をし、マラルメはジャポニズムの扇に四行詩を書いて彼女に捧げた。ミシアはパリの女王だった。ベル・エポックにいなくてはならない女性、ミューズだった。

彼女は文芸人に賞賛されていただけではなく、実業家も彼女に熱いまなざしを送っていた。けれども、祖母の家で芸術家に囲まれて育ち、自らピアノの達人であったミシアは、画家や作曲家、作家に惹かれていたし、気が合っていた。そのために、資産家で実業家でジャーナリストでもあり、『ル・マタン』誌の創立者として名を轟かせていたアルフレッド・エドワーズから執拗に求愛されても、心を動かされなかった。

ミシアがナタンソン夫人であることは百も承知だったエドワーズだが、それまでに多額の金でさまざまな会社を買収し、手中におさめていた強引な彼は、あきらめたりしない。彼は花束やジュエリーを贈り続け、一九〇五年、ついに彼女との結婚にこぎつける。

ミシアの夫、ナタンソンにはハンガリーの鉱山経営を任せることで離婚を承知させた。その頃にはナタンソンが設立した文芸誌『ラ・ルヴュ・ブランシュ』が厳しい経済状態にあったために、彼はそれを受け、ミシアも精彩を失った夫に失望し始めていたから、少しの未練もなく容易に別れることに同意した。

憧れのミシアを妻としたエドワーズは有頂天だった。妻に捧げる豪華な船を購入し、「愛する人」という意味の『レメ』と名付け、クルージングを楽しむ。

それまで未知の世界だった実業家たちとの交流は、ミシアには刺激的だった。けれども破綻は四年後に訪れる。エドワーズが若い女優ジュヌヴィエーヴ・ランテルムに夢中になり、離婚を求められたのだった。

芸術プロデューサー、ディアギレフ

ミシアが独り身になった一九〇九年、バレエ・リュス（ロシア・バレエ団）創立者、セルゲイ・ディアギレフがパリのシャトレ劇場で公演を行う準備をしていた。それ以前にパリ・オペラ座で、ロシアの偉大な作曲家リムスキー・コルサコフの演奏会や、モデスト・ムソルグスキー作のオペラなどを企画し実現させ、パリ市民を魅了していた芸術プロデューサー、ディアギレフの名はパリで知られていた。このような公演には強力なメセナ（芸術・文化の支援）が必要であるが、彼の場合にはロシア皇帝アレクサンドル二世の三男ウラジーミル大公だった。

ディアギレフが一九〇九年にシャトレ劇場で予定していたのは、原色を多く使用する派手な舞台装置と衣装、超人的飛躍をものともしないニジンスキーの踊りなどで構成するバレエ・リュスで、パリに衝撃を与えようという冒険的な試みだった。

ところがメセナに力を入れているウラジーミル大公がその年の二月十七日に世を去ってしまう。大公夫人も夫と共にメセナ活動を行っていたが、大公存命中のような多額な援助はもはやできない。必要な資金が手に入らず、ディアギレフが途方に暮れていたそのとき、手を差し伸べたのがミシアだった。彼女は二番目の夫エドワーズと別れたあと知り合った、スペインの画家ホセ＝マリア・セールと一緒だった。

バレエ・リュスにすっかり魅せられたミシアとセールは、大々的な援助を行い、五月十九日、旗揚げ公演が実現する。公演は大成功だった。パリは異国情緒あふれるダイナミックなバレエの熱狂の渦に包まれた。レストランでもカフェでも話題はそればかりだった。

同年、シャネルはバルサン所有のマルセルブ通りに帽子のアトリエをオープンしていた。

セールは、タペストリーのアーティストとして名を知られていた家に、一八七四年に生まれ、早くから才能を発揮していた。パリに住むようになり、多国籍の画家たちとの交流が始まったのは二十五歳のときだった。

一九〇〇年、パリで万博が開催された際に、アール・ヌーヴォー館のダイニングルームの装飾を依頼されたセールは、キャンバスに絵を描く画家というより、むしろ大掛かりな装飾に長けているアーティストと見られていた。彼のクライアントは富豪の貴族が多く、アレラ侯爵は自宅の舞踏会の間の装飾を頼んだし、ベアム伯爵夫人は館の天井画を依頼した。バレエ・リュスの衣装や舞台装飾を手がけたこともあった。

大きなチャンス

シャネルが女優セシル・ソレルの家でミシアに出会った一九一七年には、ミシアはセールと暮らしていたが、結婚はしていなかった。その年はシャネルにとって記念すべき年になった。五月十八日にシャトレ劇場で上演された、バレエ・リュスの豪華な顔ぶれの『パラード』がセンセーションを起こし、ミシアがそれに携わった才能豊かな最先端をいくアーティストをシャネルに紹介し、彼女の人生に華麗な花が咲き始めたのである。

『パラード』の台本を書いたのはジャン・コクトーで、音楽を担当したのはエリック・サティ。舞台装置と衣装は何とパブロ・ピカソであり、振り付けはレオニード・マシーン。こうしためまいを覚えるばかりの芸術家に取り囲まれているミシアは、女神のごとくに輝いていた。それほどのミシアがシャネルに目をかけたのである。彼女には隠れている才能を見抜く格別な感性があったのだ。ミシアに会えたことでシャネルは、再び大きなチャンスをつかんだのだった。

最愛のカペルを突然失ったシャネルは、彼の懐かしい声がいまだに響き、優雅な振る舞いをする姿があちらこちらに見えるような、懐かしい思い出が生き続ける『ラ・ミラネーズ』を離れる決心をする。

一九二〇年三月末、彼女が購入したのはパリが遠くに見える小高い丘の上にあるガルシュの館『ベル・レスピロ』だった。そこにはシャネルが必要としていた静寂があった。澄み切った空気があった。自然の香りを放つ豊かな緑があった。彼女は『ベル・レスピロ』で悲しみから逃れようとしながら同時に、それに浸っていた。使用人のジョゼフとその妻マリー、ドライバーのラウル、そして犬のソレイユとリュンヌ、五匹の子犬が彼女のファミリーだった。

ヴェネツィア旅行へ

シャネルが『ベル・レスビロ』で生活を始めた年の八月二日、ミシアとセールがアーティストの教会といわれているサン・ロック教会で結婚式をあげる。ミシアにとって三度目の結婚だった。

新婚旅行をヴェネツィアで過ごす予定を立てた二人は、シャネルを同行させることにする。カペルの死からいまだに立ち上がれないでいた彼女を慰めるのが目的だった。ヴェネツィアへの旅。それはシャネルの初めての外国への旅だった。

快活なセールは大喜びで二人の女性のガイドを務めた。建築にも歴史にもアートにも造詣が深い彼は、よく食べ、よく飲み、強いアクセントがあるフランス語で話し続けていた。きちんと発音できない彼は、シャネルをマドモワゼルのかわりに、マドマシェルとよんでいた。

ヴェネツィアからローマへと旅が続き、コロッセオではセールが情熱を込めて一生懸命に大演説を行ったが、シャネルは感動を表現することもなく、ただじっと目の前に広がる偉大な異文化を見つめていた。元来彼女は口数が少ない人だった。それに彼女は、その頃はまだモード以外の知識が豊富ではなかったので、控えていたのだった。けれども実際には、彼女特有の感性でとらえるべきものをしっかりとらえ、自分のものとしていたのだ。特にヴェネツィアのビザンチン様式のサン・マルコ寺院は彼女に大きな影響を与え、後年にさまざまな作品に表現される。

ひみつの決意

ヴェネツィア滞在中にセール夫妻は、ディアギレフとも頻繁に会っていた。既にシャトレ劇場で、彼が手がけパリを熱狂させたバレエ・リュス団の『パラード』を観ていたシャネルは、思わぬ場所でその立役者に会って胸をときめかせる。しかしディアギレフは個性的な容姿の二人の陰にいるシャネルに何の興味も示さなかったし、名前も知らなかった。記憶にも残らなかった。彼は、そのとき、重大な問題を抱えていたのだ。一九一三年にシャンゼリゼ劇場で上演したストラヴィンスキー作曲の『春の祭典』を、ディアギレフは再上演したいと熱望していた。ところがその資金が十分にない。芸術を何よりも優先する彼の興行は、金に糸目をつけない舞台装置や衣装ばかりで赤字が多かった。

二十世紀の幕開けを飾るかのような華やかで、前衛的で、ときには刺激的でさえあった『春の祭典』は、一九一三年の最初の上演の際には賛否両論だった。あれから七年経ったいま、それをアレンジして再度パリを魅了したい、その資金援助を何とかしてほしいと、彼はミシアとセールを前に熱弁をふるっていた。

それを黙って聞いていたシャネルは、そのやり取りを聞きながらある決心をした。

悲しみを超えて

旅行中、彼女は心を強く打たれる感動的な場面に遭遇した。

それは、ヴェネツィア近くのパドヴァにある聖アントニオ寺院の中にいたときのことである。そこには十三世紀の聖人アントニオが眠る棺があった。アントニオはポルトガルの貴族の家に生まれ、イタリアのアッシジのフランチェスコの教えに共鳴し、貧しい人、不幸な人のためにイタリア各地で布教を行い、パドヴァにて四十歳で没した。彼はその地にあった小さな教会に葬られた。そして後年、パドヴァの守護神となり、彼をまつる立派な聖アントニオ寺院が建築されたのだった。

多くの巡礼者が寺院を訪れるが、カトリックの教えが浸み込んでいるシャネルも、これからは泣かないような人生を送りたいと、祈りを捧げるためにそこに足を運んだ。

中に入ると、石づくりの建物特有のひんやりした空気が体を包んだ。ロマネスク、ゴシック、ビザンチンの三つの様式がきれいなハーモニーを奏で、細長い窓から薄明かりが差し込んでいる。そこに漂う静謐《せいひつ》な空気に心身が浄化されたかのように思えたとき、彼女は気がついた。すぐそばで床に頭をつけている人がいることに。

わたしの前で、ひとりの男性が敷石に額を当てていた。その姿はとても悲しそうだったし、美しかった。厳格さと苦悩があった。

その姿を目の前に見た彼女は、大きな衝撃を受ける。

シャネルは、もちろん、その人の苦しみの原因を知るよしもなかった。けれども、どうしようもないほどの悲痛な思いを抱えているのはわかった。デコボコの石の床に頭をこすりつけているその姿が、それを語っていた。

わたしは何てダメな人間なんだろう。何と恥ずかしいこと！　人生を始めたばかりの迷える子が、これほどの悲嘆に暮れる人と比べるなんて、おこがましい。

彼女は、はっと我に返った。奇跡が起きたのだ。大きな力が、勇気が勢いよく湧きあがり、体中を走るのをシャネルは感じた。

いつまでも悲しみに浸っていたらダメだ。わたしの不幸など、この人に比べたらちっぽけなものでしかないのだ。人生を無駄にしてはならない。これからは現在と未来のみを見て、与えられた命を最大限に、力強く、有意義に生きるのだ。

それ以降、シャネルは涙を流すことはなかった。

真の芸術家庇護《ひご》者への道

パリに戻った彼女は前にも増して精力的に働く一方で、ヴェネツィアで心で決めたことをすぐに実行に移す。それは、ディアギレフがあれほど実現させたがっている『春の祭典』の公演資金を、自分が調達することである。ディアギレフがミシアとセールに何とか援助をしてもらえないか、あるいは、金持ちでメセナ活動をしている人を紹介してくれないかと哀願していた場に居合わせたシャネルは、「自分にはその財力がある」とそのとき思ったのだった。彼の公演の資金援助を行えば、メセナ活動ができる。まぶしいほどの才能ある文芸人に取り囲まれて、女王のように慕われているミシアに憧れを抱いていた彼女は、そこに自分の姿を重ねる。

意を決したシャネルはディアギレフの宿泊先のホテルに行く。名を聞いても顔を見てもさっぱり記憶にない女性だったので、当初、彼は冷たく接していたが、彼女から小切手を受け取ると、それまでの無関心な態度が一変した。小切手には三十万フランと記入されていたのだ。これは驚くべき高額で、ディアギレフは一瞬自分の目を疑ったほどだった。
ミシアを差し置いてバレエ・リュスのパリ公演の援助を行うことで、自尊心が強く気位が高い彼女の怒りを買うことを十分承知していたシャネルは、自分の名を隠しておいてほしいと頼む。ところがディアギレフは、のちに台本作家になる秘書のボリス・コフノにうっかり打ち明けてしまい、ミシアの知ることとなる。
自分に隠れてディアギレフに接し、メセナの真似までしたシャネルにミシアは憤りを覚え、二人の間に激しい競争心が生まれる。口数が少なく陰のような存在だったシャネルは、もはや以前のシャネルではなかった。

カペルはわたしに何年も埋めることができない空白感を残した。でも、あの世からわたしを見守り続けているように思える。

最愛の人、カペルの死を乗り越えて生まれ変わり、強靭な精神の持ち主になっていたのだった。

事業はますます栄え、莫大な利益を得ていたシャネルは、ディアギレフだけでなく多くの才能の持ち主の資金援助を絶え間なく行い、彼らが世にその名を広めるのに大きく貢献した。

当初は単にミシアに憧れ、彼女のようになりたいと思っていたシャネルだった。けれども、非凡な才能をもつ芸術家たちとの交流により、感性にさらなる磨きがかけられた彼女は、知識を高め、理解を深め、真の芸術家庇護者になったのだった。

このようにして彼女は服をつくるだけでなく、文学やアートにも精通していることを知らしめ、デザイナーの地位を高めたのである。

デザイナーの仕事を、ある程度の高さに引き上げたと確信している。

ディアギレフとの別れ

お互いに強烈な個性をもつシャネルとミシアの間には情熱的ともいえる強い友情、ライバル意識、嫉妬心、そして時には憎悪さえもあったが、二人は別れることはなかった。一九二七年暮にセールに若い愛人ができ離婚し、ミシアが悲しみのどん底に落とされていたときに慰めたのは、シャネルだった。

ディアギレフが一九二九年にヴェネツィアで糖尿病で世を去ったときにも、二人は一緒だった。

それはヨットでアドリア海をゆったりと回っていたときだった。親しい友人から「ベンドア」の愛称でよばれていたイギリス貴族、ウェストミンスター公爵の招待を受けていたのだった。

一点の汚れもない澄み切った紺碧の海を、風に帆をまかせてゆったりと進んでいたとき、突然、メッセージが届いた。ディアギレフからの短い伝言だった。そこには「病気だ。すぐに来てほしい。セルゲイ」と書いてあった。

驚いた二人は公爵に頼んで、ヨットをディアギレフがいるヴェネツィアへと向けてもらう。彼は以前から糖尿病にかかっていたのだが、大した治療もせずに精力的に仕事を続けていたため、症状がかなり悪化していたのだった。大柄な体格に不釣合いな青白い顔をしてホテルのベッドに横たわる姿を目にしたミシアは、すぐに医者と数人の看護婦を手配する。その成果がありディアギレフはわずかだが快方に向かった。

きっともう大丈夫だと思うから、ヨットに戻っていいわよ。ミシアのその言葉に安心して、公爵が待つヨットに戻ったシャネルだったが、胸騒ぎを覚え、ヨットを再びヴェネツィアへ向けるように頼む。不安な心を抱きながら彼女が着いたときには、容態が急激に悪化したディアギレフは世を去っていた。一九二九年八月十九日だった。

ディアギレフにずっと付き添っていたミシアは、彼のホテル代、医者、看護婦の代金を支払った。それを知ったシャネルは、葬儀の費用は自分が負担したいと言う。

二十世紀初頭を華々しく飾ったロシアの希少な芸術プロデューサーの葬儀は、それにふさわしいものだった。

朝方の霧が立ち込める幻想的な雰囲気の中を、三隻のゴンドラが静かに、すべるように進んでいく。先頭を行くゴンドラは黒く、金の羽をつけるエンジェルの飾りがあった。その中に棺に納められた無言のディアギレフがいた。二番目のゴンドラはそれと対照的に白く、そこにミシア、シャネル、社交界の花形カトリーヌ・デルランジェ、秘書のコフノ、そしてディアギレフお気に入りのダンサー、リファールが乗っていた。三番目のゴンドラには五人のロシア正教会の司祭がいた。

三隻のゴンドラは静かに水の線を引きながらサン・ミケーレ島に向かっていた。その小さな島全体がヴェネツィアの湾に浮かぶ墓地だった。街中に墓地をつくれないために、近くのサン・ミケーレ島に死者を葬るようになったのである。墓地は宗教によって分かれていて、ディアギレフはロシア正教の墓地に手厚く葬られた。

シャネルとミシアの嵐のような激しい友情はそのあとも続いていた。

ミシアの死

一九四七年、ミシアの前夫セールが死んだ。絶望のどん底に落ちたミシアはその日から、アルコールや薬なしでは生きられないようになる。

精神も体も極度に病んでいた彼女が息を引き取ったのは、それからわずか三年後、一九五〇年十月五日、セールが住んでいたリヴォリ通りのアパルトマンでだった。急を聞いて駆けつけた人の中にジャン・コクトーもいた。

翌朝、シャネルは天蓋つきのセールのベッドに横たわる冷たくなったミシアと二人だけで寝室にいた。シャネルはドアを閉めたまま、一時間、誰も中に入れようとしなかった。彼女はかつてパリの女王と謳われ、多くの文芸人の魂を動かしていたミシアに、それにふさわしい旅立ちの支度をしていたのだった。

シャネルがドアを開け、ミシアに最後の別れを告げる人々が部屋に入ったとき、誰もが目を疑った。

純白の花をちりばめたベッドには、純白の服のミシアがまるで眠っているかのように横たわっていた。胸元にはパステルピンクのリボンが結ばれ、そこに同じように淡いピンクのバラの花が一輪あった。きれいに化粧し、髪を結った彼女は、社交界に君臨していた時代のオーラを放っていた。

シャネルがミシアに示した最後の友情は美しく、感動的だった。

第4章

シャネルを熱愛したロシア人

作曲家 ストラヴィンスキー

惹かれ合う二人

音楽、踊り、舞台装置、衣装を総括し、新しい傾向の芸術を生み出したバレエ・リュス創立者ディアギレフに認められ、のちに二十世紀を代表する作曲家のひとりとなるイーゴリ・ストラヴィンスキーをシャネルに紹介したのはミシアだった。

生まれ故郷ロシアを一九一七年に起きた革命を機に捨て、フランスを第二の故郷に選んだ彼が、四人の子どもを抱えて経済的に苦しんでいることを知ったシャネルは、微々たる躊躇をすることもなく家族ごと面倒をみることにする。

シャネルのメセナ活動の一環としての寛大な配慮によって、彼女のパリ近郊のガルシュの館『ベル・レスピロ』に何不自由なく暮らせるようになったストラヴィンスキーは、シャネル特有の感性や、きびきびと働く姿、個性的な美貌に心を奪われ激しい愛情を抱くようになる。

シャネルもまた、この内気で、けれども燃えるような才能を秘めているロシア人に、少なからず惹かれた。ストラヴィンスキーは三十八歳でシャネルは三十七歳だった。

法学から音楽の世界へ

イーゴリ・ストラヴィンスキーは、サンクトペテルブルク郊外で、オペラ歌手フョードルを父として生まれた。一七八三年にロシア女帝エカテリーナ二世によって建築された、オペラとバレエ専門の皇室劇場マリインスキーのバス歌手の父は、没するまで二十六年間も人気を博していた。

父は非常に厳格な人で、「病気のとき以外優しくしてくれなかった」と彼はのちに書いたほどだった。

イーゴリは九歳からピアノを学び、将来は音楽家になりたいと希望を抱いていたが、激しく反対され、何の興味ももてないにもかかわらず、父の強い要望によりサンクトペテルブルク大学で法律を専攻する。

イーゴリ・ストラヴィンスキー

その父が一九〇二年に世を去り、自由になったイーゴリは、同じ大学にいた作曲家リムスキー＝コルサコフの息子に近寄り、彼の父に自分を紹介してくれるよう懇願する。その願いがかない、リムスキー＝コルサコフから本格的に作曲を学ぶようになったとき、イーゴリは二十歳になっていた。

一九〇七年から曲をつくっていたイーゴリの運命は、その二年後に発表した作品『花火』で大きく変わる。

彼の最初の管弦楽曲『花火』は五分ほどの小さな曲で、大した評判にはならなかったが、その幻想的小品に魅了された人がいた。ディアギレフである。彼自身も作曲家を夢見てリムスキー＝コルサコフに師事したことがあったが、その才能がないことを指摘されあきらめたのだった。そうした彼は新しい作曲家の発掘に情熱を抱いていた。特に、彼のかつての恩師の弟子の作品には興味津々だった。

一九〇九年にシャトレ劇場でロシアバレエの旗揚げをし、パリにセンセーションを起こして名を成していたディアギレフは、次の公演を計画していた。そうした最中にサンクトペテルブルクのコンサートで『花火』に出会ったのだった。この作品はリムスキー＝コルサコフの娘の結婚を祝ってイーゴリが作曲したのだった。恩師はその前年に世を去っていた。

ストラヴィンスキーの三大バレエ音楽の誕生

『花火』にイーゴリの並々ならぬ才能をみたディアギレフは、次回のロシア民話をもととするバレエ『火の鳥』の作曲を依頼する。

一九一〇年六月二十五日、パリのオペラ座で上演された『火の鳥』の初演は大成功だった。

イーゴリが情熱の固まりとなって半年で作曲した曲は抽象的で不可解で、けれども感性に訴える音の組み合わせだった。それに合わせて色鮮やかで奇抜な衣装に身を包み、複雑で不思議な動きを見せるバレエも、カラフルな舞台装置も、新しい時代が開幕したばかりの世にふさわしい斬新さが満ち満ちていた。

期待していた以上の評判を得たディアギレフは、引き続きイーゴリに次の創作を頼む。それが一九一一年六月十三日にパリのシャトレ劇場で公演された『ペトルーシュカ』で、人間に憧れを抱くわらの人形が主人公になっていた。さらに一九一三年五月二十九日、シャンゼリゼ劇場で初演を行った『春の祭典』の作曲もイーゴリが手がけた。『火の鳥』『ペトルーシュカ』『春の祭典』の三作はストラヴィンスキーの三大バレエ音楽とよばれるようになる。

その中の『春の祭典』の評価は二分された。不安定で薄暗いような印象を与える不協和音が続いた曲を、初日に顔を出したフランスの作曲家サン＝サーンスは、聴くに耐えないと激しく非難し途中で席を立った。あちこちで足踏みやブーイングも始まり、評価する人とけなす人との間に口論が始まった。そればかりではなく、殴り合いまで起きた。ニジンスキーの超人的な飛躍も、彼によるいままで見たこともない画期的な振付も、突飛な衣装にも賛成派と反対派がいた。

それほどの騒ぎを巻き起こした『春の祭典』は、それほど革新的だったといえる。

初演をスキャンダル扱いされたディアギレフは、一九二〇年に再度上演したいと熱望し、メセナ活動をしている人を探していることをシャネルがヴェネツィア滞在中に知り、彼女の資金により実現したのである。

ディアギレフのお陰で三大バレエ音楽を生み出し、作曲家イーゴリ・ストラヴィンスキーの名が知られてきたが、第一次世界大戦とロシア革命で荒れ果てた祖国に戻らない決心をした彼は、家族とスイスにしばらく滞在したあとローマへと向かう。その頃には作曲の仕事もほとんどなく、ロシアにあった土地や財産も没収され、生活はかなり厳しかった。

その後、バレエ・リュスで彼に輝かしい成功を与えた懐かしいフランスに居を移した彼は、ミシアを通してシャネルと知り合い、彼女の庇護のもとに作曲に専念するようになったのだった。

パリを一望できるシャネルのガルシュの丘の家に、妻と四人の子どもたちと暮らすようになったストラヴィンスキーは、創作意欲を湧かせた。彼は作曲に静けさと澄んだ空気を必要とする人だった。シャネルの館にはそれがあった。名作『管楽器のための交響曲』『弦楽四重奏のためのコンチェルティーノ』も、そのほか多くのピアノ曲を生んだのも『ベル・レスビロ』館でだった。

クラシック音楽への扉、開かれる

シャネルはストラヴィンスキー一家の住まいと生活費の面倒を見ていただけではなかった。ガヴォー劇場での彼のコンサートの資金も彼女が調達した。決断も行動も早く実行力があるシャネルに、彼が抑えきれないほどの愛を抱くようになったのも不思議ではない。

彼は彼女との結婚さえ考えた。そしてある日、愛の告白をする。シャネルの反応は明確だった。彼女は一歳年上のストラヴィンスキーを姉のようにたしなめた。

「あなたは結婚しているのよ、イーゴリ。あなたの妻、エカテリーナが知ったら……」

シャネルがストラヴィンスキーのガヴォー劇場のコンサートを実現するために資金援助をするなど、二人の間に恋愛感情が漂っていると推察したミシアは、シャネルに激しい言葉を投げる。

「一体あなたたちは何をしているの？　どうするつもりなの？　イーゴリはあなたの犬の散歩をしているとみんなが噂しているわよ。それはどういうことなの？」

セールも黙っていなかった。彼はイーゴリに面と向かって大声を出した。

「モッシュー、カペル氏は私にマドマシェルを委ねたんです。あなたのような男を、モッシュー、ヒモとよぶんです！」

感情的なミシアとセールは事を複雑にしていたが、シャネルはそれに流されることなく冷静な態度を保っていた。時の経過に伴い、ストラヴィンスキーも自分を取り戻したようで、それ以後は彼女に音楽についてだけ語るようになる。シャネルがクラシックの造詣を深めたのはストラヴィンスキーのお陰だった。

すれ違い

バレエ・リュスがスペインで公演を行うことになったとき、ストラヴィンスキーは自分が指揮をするのでぜひ来てほしいとシャネルに言う。彼女は必ず行くわよと約束したが、数日後、新しく購入したばかりのブルーのロールス・ロイスで向かったのはスペインではなく、モナコだった。シャネルはひとりではなかった。彼女の隣りにはロシアの若い亡命貴族ドミトリー大公がいた。

恋愛に関して鋭い感性を発揮するミシアがそれをかぎつけ、バルセロナにいるストラヴィンスキーに電報を打つ。

「ココはアーティストより大公の方が好きなミーハーなのよ」

実際には、シャネルはドミトリーと一週間ほどモナコに滞在したあと、スペインに行くつもりだった。ところがミシアの電報を受け取ったストラヴィンスキーは、想像を絶するほど怒り狂い、それに恐れを抱いたディアギレフがシャネルに電報を送る。

「来てはいけない。彼は君を殺したがっている」

ミシアの電報がストラヴィンスキーとの間を決定的にしたことは明白だが、彼女はそんな電報を打っていないと我を張り、シャネルは数日間ミシアを避けた。しかし結局、友情はそれで壊れるほど弱いものではなかった。


この出来事のあと大きく変わったのはストラヴィンスキーだった。内気で臆病だった彼が、厳しい性格の男になったのだった。服装にも気を配るようになり、愛人もたくさんもった。

作曲も順調で、二年間住んでいたシャネルの館を離れたストラヴィンスキーは、自分はパリに暮らし家族をビアリッツに住まわせるほどになった。妻エカテリーナが病弱で、穏やかな気候を必要としていたことも確かだったが、それ以上に、新しい愛人ヴェラと気兼ねなく会うのが目的だったようだ。

シャネルとの友情は続いていて、一九二八年六月十二日のサラ・ベルナール劇場での『ミューズを導くアポロ』の衣装を担当したのは彼女だった。さまざまなことがあったとはいえ、シャネルへの感謝を忘れることがなかったストラヴィンスキーは、ロシアから持参した貴重なイコンを彼女にプレゼントした。

才能が認められ、充実した人生を送っていたかのように見えていたが、娘を病気で失い、引き続き母と妻も世を去った。間もなくして第二次世界大戦が始まり、戦地と化したフランスを離れたストラヴィンスキーは、安住の地を求めてアメリカに渡り、そこでヴェラと再婚する。

戦後、アメリカ国籍を取得し創作活動を続け、一九七一年四月六日、八十八歳で没した。多くの名曲を残し、二十世紀最大の影響力をもつ作曲家と称されるほどになったストラヴィンスキーは、ロシア、フランス、アメリカと三度国籍を変えた。その彼が最後に望んだのは、大恩あるディアギレフが眠るヴェネツィアのサン・ミケーレ島のロシア人墓地に葬られることだった。

シャネルはその三カ月前に世を去っていた。

第5章　伝説の香水誕生のきっかけの人物

ロシアの大貴族

パブロヴィッチ大公

『ベル・レスビロ』に招かれたロシア人

ストラヴィンスキーが家族揃ってガルシュの館『ベル・レスビロ』に暮らしていた頃、シャネルはもうひとりのロシア人をそこに招いていた。ロシア帝国最後の皇帝ニコライ二世の従弟にあたるドミトリー・パブロヴィッチ大公である。

彼の父はロシア皇帝アレクサンドル二世の六男で、母は美貌の誉れ高いギリシャ王女アレクサンドラだった。ふたりの間に王女マリアが生まれ、引き続き王子ドミトリーが誕生し喜びが頂点に達したかのように思えた。けれども母はドミトリー出産後間もなく世を去り、家族は一転して不幸のどん底に陥る。

二十一歳の若い妻を亡くした父はしばらくの間、周囲が心配するほど悲嘆に暮れていたが、やがて人妻のオリガに愛を抱くようになり、再婚する。ところが彼女は貴族でなかったために貴賤結婚とされ、皇帝の怒りを買い、国外追放になる。前妻との間に生まれたマリアとドミトリーは、父の兄、すなわち彼らの伯父であるセルゲイ大公とその妃エリザヴェータに預けられた。

モスクワ総督だった伯父には子どもがいなかった。そのために、二人は実の子のように可愛がられ大切に育てられていた。

ところが一九〇四年に始まった日露戦争でロシアは大敗し、国民の怒りが爆発する。国は不穏な空気に包まれ、危険を感じたセルゲイ大公一家は、何度か居をかえる羽目に陥る。その最中の一九〇四年二月十五日、大公はエリザヴェータ妃、マリア、ドミトリーと連れ立ってコンサートに出席するために、モスクワ市内にあるボリショイ劇場へと向かった。それは妃が赤十字のためにオーガナイズしたチャリティー・コンサートで、大公はことのほか重要視していた。

その日、テロリストたちが、大公の暗殺を企てていた。ところがいざ実行の段階で、大公と一緒に子どもがいることがわかり、急遽それは取りやめられた。十三歳のドミトリーは危ういところで命拾いしたのだった。

ドミトリー・パブロヴィッチ大公

けれどもテロリストたちは大公暗殺をあきらめたわけではなかった。二月十七日、彼がひとりで馬車で移動していた際に、詩人であり社会革命党員イワン・カリャーエフが、新聞に包んだ爆弾を大公の馬車に投げ入れ、セルゲイ大公は四十七歳の生涯を閉じた。

突然の悲劇に打ちのめされた妃は、しばらくの間喪に服していたが、その後恵まれない子どもたちのための修道院を建て、その修道院長になる。


当時の皇帝ニコライ二世は、度重なる不幸に見舞われたドミトリーと姉マリアに温かい手を差し伸べた。その特別な配慮により、彼らは何の不自由もなく豪奢な宮廷生活を満喫することができた。

端正な容姿のドミトリーは、宮廷の花形だった。帝国軍に入隊した彼は、軍人としても優秀で、多くの女性の憧れの的だった。一九一二年のストックホルムのオリンピックには乗馬で出場するほどスポーツにも長け、男らしい風貌だった。

ニコライ二世は、そうしたドミトリーを自分の娘の第一皇女オルガにふさわしいと見るようになり、ふたりの結婚を考えていたほどだった。皇帝には息子がひとりいたが、血友病を患っていたために、将来に不安を感じていたのだろう。ドミトリーのような有能な人物が家族になってくれたら、という思いを抱いても不思議ではない。

ロマノフ家の生き残り

それほど身近だった二人の間に決定的な亀裂が生じたのは、祈禱《きとう》僧ラスプーチン暗殺事件だった。

農民の息子として生まれたラスプーチンは、自ら修行して病を治す術を得て、難病に苦しむ多くの人々を救い、賞賛されていた。それを伝え聞いたニコライ皇帝の妃アレクサンドラが、唯一の息子アレクセイ皇太子の血友病を治してもらえないものかと、ワラをもつかむ思いで宮殿によぶ。

不思議なことにラスプーチンが祈禱を捧げると、たちまち皇太子の病状が改善された。当然、皇帝夫妻はラスプーチンに全面的な信頼を置くようになる。やがて彼は政治にまで関与するようになった。それを祖国の一大事と懸念した若い貴族がいた。皇帝以上の資産家のフェリックス・ユスポフと、ドミトリー・パブロヴィッチである。高位の貴族のふたりは親友だった。彼らを中心して祈禱僧を亡き者とする計画が練られ、ラスプーチン暗殺はサンクトペテルブルクにあるユスポフの宮殿で、第一次世界大戦中の一九一六年十二月三十日に実行された。

ラスプーチン暗殺は直ちに宮廷に通告され、皇帝と皇后の激怒を買い、首謀者二人は首都から遠く離れた地に追いやられた。しかしそれが幸いし、ユスポフとドミトリーは翌年に起きた悲惨なロシア革命の難を逃れたのだった。


帝国軍の軍人だったドミトリーは皇帝の命令でペルシャ戦線に派遣された。その地は強力なオスマン軍との激戦地であった。その間に祖国では革命が起き、皇帝一家だけでなく、ドミトリーの父も、育ての親のエリザヴェータ妃も暗殺された。彼は奇跡的に助かった数少ないロマノフ家のひとりだった。

命は助かったものの、館も財産も仕事も失ったドミトリーは、追い討ちをかけるように結核におかされた。そうして悲嘆に暮れていた彼に、イラン駐在のイギリス公使が手を差し伸べ、ドミトリーは船でロンドンに渡り、そこで健康を取り戻す。その後、彼はフランスのスペイン国境近くにあるビアリッツへと向かった。

十九世紀半ばにフランス皇帝ナポレオン三世の妃ウジェニーが、ビアリッツに別荘を建築させてから、その地はイギリスやスペイン王侯貴族たちのお気に入りの場となり、帝国時代にロシア貴族たちも競うように別荘を購入していたのである。革命でロシアから逃れた多くの貴族たちがそのビアリッツに暮らしていることを知ったドミトリーの足は、自然にそこに向かっていったのだった。

ロシア刺繍

フランスを亡命先に選んだのはドミトリーだけではなかった。彼の一歳年上の姉マリアは、それ以前からパリに暮らしていた。

マリアは十八歳のときに結婚した。相手はスウェーデン王子ヴィルヘルムで、育ての親エリザヴェータ大公妃の強い希望に、若い彼女は従ったのだった。

二人の間に息子レナートが生まれたが、もともと自ら選んだ夫ではなかった上、豪奢なロシア宮廷と比べて地味なスウェーデン宮廷や、内向的で口数も少ない夫にもの足りなさを感じるようになり、六年後には離婚が避けられないほどの不和となる。

夫と別れることを認められたマリアは、子どもをスウェーデンに残してロシアに戻り、仲のいい弟ドミトリーと暮らしていた。それから三年後の一九一七年、彼女はセルゲイ・プチャーチン公爵と再婚する。

その年に革命が起き、いち早くロシアをあとにしたマリアとその夫はルーマニア、イギリスのロンドンを経てからフランス・パリへと向かったのである。

当初はマリアが巧みに持ち出したジュエリーを売りつつ生活をまかなっていたが、それが底をついた彼女は、手先が器用なことを生かしてロシア刺繍をして売ることを思いつく。

そうしたマリアに手を差し伸べたのがシャネルだった。異国情緒あふれるロシア特有の刺繍は彼女を魅了した。感性を刺激されたシャネルは、直ちにオートクチュールに取り入れた。

ロマノフ家の大皇女マリア・パブロヴィッチの手によるロシア刺繍は、多くの顧客の興味と関心を惹かないではいなかったし、シャネルにとっても新分野開拓となった。

運命のめぐり合わせ

マリアがもっとも信頼し、心を通わせていたのは弟ドミトリーだった。いくつもの不幸を経験した姉弟の絆は何よりも強かった。姉は弟の幸せを望んでいたし、弟も姉の身の上を常に気遣っていた。

ロシア宮廷で多くの女性の心をとらえていたドミトリー大公は、亡命先のフランスでも同じように女性たちに、特に、金持ちの年上の女性にもてはやされていた。

ドミトリーは絵から抜け出たように美しい青年だった。透明感がある淡いブルーの瞳はメランコリックで抵抗しがたいほどだったし、長身で優雅な物腰は貴公子という表現がよく似合っていた。その上、彼は、一六一三年から広大なロシアに君臨し、華々しい業績を重ねてきたロシア最後の王朝ロマノフの血を引き継いでいる。小説のヒーローのような二十九歳のドミトリーに崇拝者が多くいるのは、自然なことだった。

シャネルは、エティエンヌ・バルサンがもっていたシャンティイ近くのロワイヤリューの別荘で知り合った、オペラ歌手マルト・ダヴェリの紹介でドミトリーに会う。シャネルは、八歳年下の彼に直ちに魅了された。彼に定住の場がないことを知ると、彼女は、『ベル・レスピロ』に暮らすようにと誘う。

ストラヴィンスキー夫妻、彼らの四人の子どもたち、ドミトリーとその侍従。ガルシュの館では一日中ロシア語が飛び交っていた。

ドミトリーとの出会いは、シャネルの以前からの念願を実現させた。

香水。

彼女は「シャネル」の名にふさわしい香水を世に示したいと長年思い続けていた。けれども、具体化するには何かが欠けていたのだった。独創的で、革新的で、美の真髄を厳しく追求する彼女の感性を満足させる香りは、それなりのものでなくてはならない。そのためには、特別な才能をもつ調香師が必要である。彼女にとって理想的と思われる人は、容易に見つからないでいた。

ドミトリーは、そうしたシャネルの美意識を満足させる人物を知っていた。エルネスト・ボー。時空を超えて世界中でもっとも愛されている伝説の香水『CHANEL N。5』の生みの親となった人である。

一流の調香師、エルネスト・ボー

フランス人調香師エドゥワール・ボーと、ロシア人の母の間にモスクワに生まれたエルネストは、十代後半にフランス人実業家が経営する石鹼、香水、化粧品の大メーカー、アルフォン・ラレー社に入社する。そこで研究をしていた彼の兄は、のちにその経営者となる。

ラレー社に入社した当初は石鹼の、そしてその後香水の研究に励んでいたエルネストは、ナポレオンのロシア遠征の際のボロジノの戦い百年記念の一九一二年に、香水『ブーケ・ド・ナポレオン』を創作した。それが彼の最初の作品で大ヒットした。

さらにその翌年、ロマノフ王朝創立三百年記念に、偉大な女帝エカテリーナ二世に捧げる香水『ブーケ・ド・キャサリン』を世に披露し、調香師としての名を不動のものとした。

彼の香水はロシアの王侯貴族にもてはやされていたが、第一次世界大戦が始まり、革命が起き、ラレー社は解散し、香水の栄光時代は終わりを告げ、ボーは父の故郷フランスに暮らすようになったのである。

ラレー社で働いていたフランス人たちは香水を忘れがたく、力を合わせて一九一七年に南仏のラ・ボッカに工場と研究所を設立。ボーもそこで香水の研究を続けていた。

「香りをつけてこそスタイルは完成する」

ドミトリーから、ロシアにいた時代に知り合ったボーを紹介されたシャネルは、従来の規制から外れた彼の革新的な創造性に惹かれる。

ボーが長年に及ぶ研究の結果開発したのは、それまでのように単一の花からつくる香水ではなく、数十種類にも及ぶ花から抽出する天燃香料にアルデヒドとよばれる合成香料を加えることだった。それぞれの原料をどのような割合で融合させるかは、ひとえに調香師の感性にかかっている。ボーには格別な審美眼があった。香りに関する特有のセンシビリティーをもっていた。

そうした彼が生み出す香水にはデリケートな複雑性があり、深みがあり、抽象的だった。歴史が感じられ、現代性があり、同時に未来を語るような新鮮さもある。それこそ本物のクリエーションである。

シャネルの依頼でボーは複数の香水を披露した。その中からシャネルが選んだのは、五番の数字が書かれていたボトルだった。

「コレクションを発表するのは五番目の月の五月五日。五は私に幸運をもたらすから」

彼女はそうしたことを気にする人だった。

自分の名を冠する香水のクオリティに、ことのほかこだわっていたシャネルは、ジャスミンがもっとも高価な花だと知ると、ボーに言う。

「ジャスミンをもっと多く入れて。私は世界でもっとも贅沢な香水をつくりたいのだから！」

ボトルのデザインはドミトリーの発案だった。彼はロシア宮廷で愛飲されていたウォッカの、角ばったクールなフォルムの瓶からヒントを得たのだった。当時の香水はゴテゴテして華やかなデザインのボトルに入れたものが多かったが、シャネルは服と同じようにシンプルであることを望んだ。ドミトリーの発案は彼女を魅了した。

シャネルが命名した香水『CHANEL N°5』は一九二一年に誕生し、公式発表は五月五日にカンボン通りのブティックで行われた。

格別な創造性によりクリエイトされた唯一無二の香り、シンプルなボトル、数字のみの革新的なネーミング。何もかも画期的で、長い歴史の中で育まれてきた従来の香水のイメージを一掃したシャネル。

わたしは必要な掃除をするための「運命の神」の道具だったの。

『CHANEL N°5』は人々に新たな時代の到来を、自分たちがその真っ只中に生きていることを実感させ、喜びを抱かせないではいなかった。新たな感性の輝きが息づくこの香水は、発表されたその日以来、世界中でもっとも多く語り続けられ、もっとも愛される香水となった。

香水をつけない女性に未来はない。

エレガンスは服だけでは完成しない。
香りをつけてこそスタイルは完成する。

シャネルにとって香水は、女性に欠かせない装いなのである。

アメリカとの絆

パリ、南仏、モナコ、ビアリッツなどで常にシャネルの傍らにいたドミトリーは、約一年後に『ベル・レスビロ』を去っていった。けれども二人の強い友情は、その後彼がアメリカの大金持ちと結婚したあとも続いた。

一九三〇年にモンテカルロで休暇を過ごしていたときにドミトリーに再会したシャネルは、ちょうどそこに居合わせたハリウッドの大プロデューサー、ＭＧＭの前身であるゴールドウィン・ピクチャーズの創立者、サミュエル・ゴールドウィンを紹介される。その翌年、ゴールドウィンの招待を受けてシャネルはハリウッドに行き『今宵こそは』の主演女優グロリア・スワンソンの衣装を手がけ、国際的スターのグレタ・ガルボやマレーネ・ディートリッヒと知り合った。そういったことからシャネルは新たな刺激を受けただろうが、彼女の創作意欲を掻き立てるほどではなかった。

美しい布地はそれだけできれい。服が豊かになればなるほど貧しく

なるものなのよ。人はとかく貧困と飾りをなくすことを混同しがちだわ。

そんなふうに、シンプルな中に本当のエレガンスがあるという彼女の信念と、ハリウッドのきらびやかな世界は馴染まないのかもしれない。

けれども、一九二六年に彼女が発表したリトル・ブラック・ドレスを最初に評価したのはアメリカだった。

わたしより前に誰も黒をまとう勇気をもっていなかった。

シャネルがそう語るように、当時黒というのは、喪服にしか使われていなかったのにもかかわらず、である。

また、第二次世界大戦後のシャネル・スーツを世界に先駆けて取り入れたのも、アメリカだった。

人気女優のマリリン・モンローが語っていた「寝るときにまとうのはCHANEL N°。

5」という名言は、時代が流れようとも風化することはない。

このように、シャネルとアメリカを結ぶ絆は強い。

シャネルはアメリカ人にとってフランスエレガンスの化身だった。機能性を重視し、それでいてフェミニンであることを追求していたシャネル。彼女のエスプリが込められた数々の品は、アメリカ女性が理想としているものだった。

一九二一年秋、ロシアとの数多くの思い出にあふれた館『ベル・レスピロ』を手放したシャネルは、パリの中心にあるフォブール・サントノレの旧貴族館に移る。

ドミトリーはそれから二十年後の一九四一年三月五日、スイスの療養所にて結核で四十九歳の生涯を閉じた。

第6章　孤独の理解者

詩人　ルヴェルディ

新たな住まい

新しい住まいとなるフォブール・サントノレ通り二十九番地の邸宅のインテリアを、シャネルはミシアと相談しながら精力的に整えていた。

王朝時代に有力な貴族たちが暮らしていたこの界隈の建造物は重厚で、広大な庭園があり、美しい景観をつくっている。そうした由緒ある建物が、現在では日本大使公邸、イギリス大使公邸、あるいはフランス大統領官邸となっている。その並びにシャネルが住むようになったのである。それは、彼女が自分自身に与えた勲章のような意味があったのかもしれない。カンボン通りのアトリエもブティックも、そこから歩いて行かれる距離だった。

どこに暮らそうとも、シャネルには自分の近くに置いておきたい品があった。コロマンデルの屛風である。

それは、彼女が愛した唯一の人アーサー・カペルと共に見出した中国製の屛風で、ふたりの愛の思い出がつまっている。

深みのある光沢を放つ漆は品格があり、自然が生んだ雄大な風景や、エキゾチックな建造物、民族衣装をまとう優美な女性などが描かれている背が高いコロマンデルの屏風には、ヨーロッパにない特有の情緒があった。

それに心底魅せられたシャネルは、いくつも購入し、カンボン通りのアパルトマンでも使用していた。コロマンデルの屏風に囲まれていると彼女は、カペルの愛に包まれているように思えたのだろう。

のちにホテル・リッツに常住するようになった際にも、その屏風は彼女から離れることなく、最後まで身近にいた。

黒、ベージュ、ブラウンが多く使用されたフォブール・サントノレ通りの館にアクセントを与えていたのは、サヴォヌリーの色鮮やかなカーペットだった。家具は、王朝時代を彷彿させるルイ十四世様式とルイ十五世様式をシャネルは好んだ。カーテンはブラウンのビロードで金モールがついていて豪華だった。グランドピアノも人目を引く存在だった。

どの部屋にも白い花が飾られ、壁にはめ込まれたいくつもの鏡が部屋に奥行きを与え、広々した印象を与えていた。それはヴェルサイユ宮殿が華やぎ輝いていた、十八世紀の特徴だった。

鏡はシャネルにもうひとつの意味があった。


ボーイ・カペルはわたしによく言っていたわ。君が女性であることを忘れてはいけないよ、と。

わたしは女であることを頻繁に忘れてしまう。それを思い出すために鏡の前に立つの。


シャネルの新しい住まいは、たちまちアーティストの出会いの場になった。そこにはディアギレフ、コクトー、ピカソ、ラディゲ、あるいはロスチャイルド男爵など、爵位をもつ人々の姿があった。

そうした華やかな人々の集いの中で、ひとり、かけ離れたようにひっそり目立たなくしている男性がいた。その人の周りには中に入り込めないような、厳しささえ感じさせるような空気が漂っていた。

シャネルが「彼だけがほんとうの詩人だわ」といっていたピエール・ルヴェルディである。時代の詩人や画家たちに大きな影響を与えた人物で、黒い髪、黒い大きな瞳の彼は彼女より六歳年下だった。

文芸を志しパリへ

スペイン国境に近いナルボンヌのブドウ栽培者の家に生まれたルヴェルディが、パリにひとりで来たのは一九一〇年、二十一歳のときだった。両親は離婚し、父の事業も破綻し、経済的に苦しい時代だった。

作家バルザックと詩人ランボーに憧れを抱いていた彼は、文学や画家を志す若者たちが好んで暮らしていたモンマルトルへと向かう。

印刷所で校正の仕事をしながら詩作に取り組んでいたルヴェルディは、洗濯船とよばれる安アパートに住むようになる。歩く度に揺れ、まるでセーヌ川に浮かぶ洗濯用の船のようだったために、このよう

ピエール・ルヴェルディ

に名づけられたのだった。詩人マックス・ジャコブの案だった。

生活は苦しかったが、文芸を志す多くの友人に恵まれ、ルヴェルディのモンマルトルでの日々は活気にあふれていた。詩人のギョーム・アポリネールや画家ピカソ、ブラックなどと知り合ったのもモンマルトルだった。

印刷所に勤めていることを生かして、ルヴェルディは最初の自分の詩作『散文詩集』を発行する。一九一五年だった。

それから二年後に『北南』という奇妙な名の雑誌を発行する。その年にパリの北のモンマルトルと南のモンパルナスをつなぐメトロが開設され、それにちなんでの名だった。

『北南』には自分の作品も掲載したし、友人の詩人アポリネール、マックス・ジャコブ、ルイ・アラゴン、アンドレ・ブルトンの作品も掲載した。後年にマチスとフォービズムの指導的役目を果たすアンドレ・ドランや、シュルレアリスム創始者のひとり、アンドレ・ブルトンが挿絵を描いていた。

ルヴェルディはこの雑誌に、新しい芸術の動きであるダダイズムやシュルレアリスムの紹介もしていた。

唯一の詩人

ルヴェルディをシャネルに紹介したのは、ほかの人の場合と同じように、社交界の女王でありメセナ活動をしていたミシアだった。

自分の世界をもっている彼は、シャネルの邸宅に集まる数人の人々と交流があったにもかかわらず、心から溶け込むことがなく、自分にもっとも適している沈黙の世界に浸っていることが多かった。

彼は矛盾した性格の人でもあった。華やかな雰囲気に惹かれながら、同時にそれに反感やときには嫌悪さえ抱いていた。雄弁に語り続けるかと思うと、突然、別人になったかのように何時間も黙り込む。体はそこにあるのに、心はどこか見知らぬ世界をさまよっているように、眼差しはうつろだった。

シャネルはそうしたルヴェルディに心を動かされた。名声を得るために、人々に自分の存在を知らせるために、媚を売ったりやたらと派手に振る舞い、見せびらかすことにやっきになっていたほかの文芸人に比べて、何と彼は純粋なのだろう。何と汚れない人なのだろう。

強い意志をもち、数千人の従業員の指揮を執り、世界中でその名が語られ、まぶしいほど輝いているシャネルは、ルヴェルディにとっては別世界の人だった。生き生きとした表情で、活発に働き、しかも、いかなるときにも優雅に装っている彼女にすっかり魂を奪われた彼は、いくつもの詩を捧げる。

正反対の二人は、それゆえに惹かれ、強い絆で結ばれていた。


かけがえのない人であるためには、ほかの人と異なっていなければならない。


自分がほかの人と異なることが重要であり、それゆえに格別な価値があることを知っていたシャネルにとって、彼女を取り囲むどの人とも異なるルヴェルディの才能は、評価するに値するものだった。実際、同時期のアーティストたちは、彼をその時代を代表する詩人だと、新たなる時代の先駆者だと、語っていた。

シャネルは彼のすべての作品を購入し、時間が許す限り読みふけっていた。気に入った表現には線を引くこともあった。気難しい彼女の心を動かす詩を書くルヴェルディだけが、シャネルにとって本物の詩人だった。

陰と孤独

ルヴェルディはフォブール・サントノレ通りのシャネルの豪勢な館で何週間も過ごしていたかと思うと、ある日、何も告げずに、お針子の仕事を細々と続けている、妻アンリエットが待つモンマルトルの小さなアパルトマンに戻ることもあった。彼は日に日に人との交わりが苦痛になり、友人たちと同じ部屋にいるにもかかわらず、壁際の片隅にうずくまったり、呆然と佇んだりしていた。

そして、ついに、すべての友人にもパリにも別れを告げ、妻を伴ってソレームのベネディクト会修道院近くの粗末な家に引きこもった。

その修道院は、中世の時代から芸術家に霊感を与えていたグレゴリオ聖歌を、十九世紀にアレンジし世に知らしめたことで名を成していた。

カトリックの洗礼を受け、ソレームにひっそりと暮らすようになったルヴェルディは、詩作に没頭した。かつての友人たちとは縁が切れたが、シャネルとは手紙で連絡を取り合っていた。

……愛しく、素晴らしいココ。あなたがわたしの詩の何かを愛し、わたしに喜びを与えてくれるので、この本を差し上げます。これがあなたにとって優しく控えめな枕もとの明かりになりますように……。

傑作とされている『風の泉』『鉄屑』、ピカソが挿絵を描いた『流砂』あるいは晩年の『死者たちの歌』など、現実からかけ離れた詩を残したルヴェルディは、陰を、孤独を好む詩人だった。彼は友人たちと一緒にいても、自分にまとわりつく孤独から逃れることはできなかったし、年月と共にそれはますます深まっていった。

生涯の糧

シャネルは華やぎあふれる世界に生きる人だったが、彼女の心の奥にもいつも孤独感があった。成功すればするほど、世に名が広がれば広がるほど、それは強くなっていった。シャネルがルヴェルディを愛し、彼の作品をより評価し庇護していたのは、孤独が何であるか知っていたためだった。相反する性格の二人を強く結んでいたのは、その、ぬぐってもぬぐいきれない孤独感だった。

わたしは誰にも似ていなかった、体も、モラルも。孤独が好きだったわ。

華麗な世界に生きるシャネルの奥深くに潜む陰を、その美しさを、そこに宿る真実を、ルヴェルディは特有な感性で悟っていた。彼はそれゆえに彼女に愛を抱いていたのだった。

ソレームに引きこもったルヴェルディは、何の前触れもなく、突然シャネルの前に現れ、フォブール・サントノレ通りの館に暮らしたり、彼女が南仏に買った別荘『ラ・ポーザ』に滞在したかと思うと、黙ったままソレームに引き返したりしていた。そのうちまったく姿を見せなくなり、一九六〇年に世を去った。

ルヴェルディの作品は、詩人仲間から賞賛されていたが、一般の人に理解されることはほとんどなかった。彼の作品を繰り返し読み、奥に潜む才能の偉大さを知っていたシャネルは、彼が没した翌年の『フランス詩選集』にルヴェルディが入っていないことを知り、いままでにないほど激怒した。

人が必要とするのは自由ではなく、
愛する人以外の人に束縛されないことだ。

愛というものはない。
あるのは愛の証拠のみである。

私はきびしい
私はやさしい
そして時間を無駄に使った

眠ることなく夢みたり
歩きながら眠ったりして
私が通り過ぎたすべてのところに
自分の不在を発見する
私はどこにもいない
無以外には

ルヴェルディの詩はシャネルの心を代弁しているものが多かった。闇の中に生きていたような、シャネルにとって唯一の本物の詩人は去った。けれども彼の作品は彼女の精神の糧として生涯生き続けていたのであった。

第7章

「マリンルック」「ツイードのスーツ」を生んだ暮らし

イギリス最高位の貴族

ウェストミンスター公爵

海のシャトー、フライング・クラウド

紺碧の海が美しい地中海に面するモンテカルロ。そのヨットハーバーには一年中豪華なクルーザーが停泊している。大きさや内装を競う豪華船がハーバーを離れ、地中海を勢いよく水しぶきを上げながら行き交う光景。それは、豊かさと平和の象徴そのものである。

そこにイギリスの船、フライング・クラウドがゆったりと優雅な姿を見せていた。長さ六十七メートルの四本マストのそのヨットは、十八世紀のアン女王様式のインテリアが格別趣をちりばめていた。ベッドは天蓋つきだし、重厚な鏡が壁を飾り、カーペットが敷き詰められ、食器は銀か金だった。

モンテカルロのヨットハーバーで競うようにゴージャスな姿を見せている船の中で、ひときわ目立っていたそのヨットの持ち主は、イギリスでもっとも裕福な最高位の貴族、ウェストミンスター公爵だった。

イギリス一の資産家

一八七四年にヴィクトリア女王から、貴族としてもっとも高位の爵位「公爵」を授けられたウェストミンスター公爵、ヒュー・ルーパス・グローヴナーの孫として生まれたヒュー・グローヴナーは、父グローヴナー伯爵が三十一歳で世を去ったので、祖父の跡をついでウェストミンスター公爵二代目を名乗った。

初代ウェストミンスター公爵は、ロンドン市内に多くの土地や邸宅を所有していた破格の財産家だった。それだけでなく優れた政治家であり、ダービーで何度も優勝するほど優秀な競走馬の馬主であり、イギリスでもっとも名誉あるガーター勲章も授与された名士だった。

ウェストミンスター公爵

公爵はチェシャー州のカントリーハウスのイートン・ホールを本宅としていた。

それはウェストミンスター公爵の先祖、グローヴナー家が十五世紀からもっていた別荘で、時の流れに従い各時代の特徴を入れながら改築したり拡大したりしていた。種類の豊富な花が咲き乱れる広大な庭園が館を取り囲み、農園や森まである四千四百ヘクタールにも及ぶ領地である。

その別荘を常住するシャトーにしようと思い立った初代ウェストミンスター公爵は、一八七〇年から十二年かけて大々的に改造し、時計塔があるチャペルも建築させ、厩舎をいくつもつくらせた。そのほか設備が整った大きな温室も誕生し、珍しい花が一年中華麗な姿を見せていた。

イートン・ホールの図書室は長さが二十七メートルもあり、ダイニングルームとその控えの間は合わせて三十二メートルもの長さに及んだ。各部屋には絵画が飾られ、壁画が描かれ、床や階段にはカーペットが敷かれ、ヴィクトリア朝のもっとも美しい建造物とよばれるほど素晴らしいシャトーだった。

祖父から受け継いだイートン・ホールは、二代目ウェストミンスター公爵がこよなく愛した住まいだった。彼はイギリスでもっとも資産があるとされていたが、自分の財産がどれほどあるか、それがあまりにも莫大なため、見当もつかないでいた。彼はそうしたことに無頓着で寛大な人だった。

ロンドン市内のメイフェアとベルグラヴィア界隈の土地は二百五十ヘクタールもあり、ほかにスコットランド、アイルランド、ノルウェー、そしてフランスのノルマンディーにもシャトーをもっていた。

彼がもっとも情熱を捧げていたのは、競馬と船旅だった。祖父が自慢していたエレガントで優秀な競走馬ベンドアは、祖父亡きあと、ウェストミンスター公爵が可愛がっていた。そのためか、馬の名前ベンドアがそのまま彼のニックネームになった。

船は二隻もっていた。穏やかな地中海の船旅を楽しむための豪華なヨット、フライング・クラウドと、大西洋の荒波にも耐えられる巨大で頑丈なイギリス海軍の元駆逐艦、カティ・サーク号（快速帆船カティ・サーク号とは別物）である。ありあまるほどの財産、時間をもてあましていた彼には、そうした冒険的な船旅も必要だったのである。

ロンドン社交界の花、ヴェラ・ベイト

これほどの人物にシャネルを紹介したのは、ロンドンの社交界の花、美麗なヴェラ・ベイトだった。

シャネルと同じ年、同じ月の一八八三年八月に生まれた彼女は、登録上は名門の大富豪アークライト夫妻の娘として生まれたとなっている。けれども実際の父はケンブリッジ侯爵ではないかと噂されている。

彼はイギリス国王ジョージ五世の妃メアリーの弟アドルファス・テック公で、ケンブリッジ侯爵の称号を得て、二十六歳のときに初代ウェストミンスター公爵の娘マーガレットと結婚する。

ヴェラの戸籍上の両親アークライト夫妻が離婚したあと、しばらくの間彼女は祖父母に育てられていたが、彼らが年老いてきたために親しくしていたケンブリッジ侯爵夫妻に引き取られることになった。そのために、ヴェラの本当の父親は、やはりケンブリッジ侯爵なのだという噂が強まった。

非の打ち所のない品格ある美貌に恵まれ、明るく潑剌《はつらつ》とした性格のヴェラは、王家の人々や貴族たちの間で人気者だった。

チャーミングでスポーツが大好きで理想的な体型の持ち主のヴェラを、シャネルはミューズとし、たくさんの服を提供していた。ヴェラはそれらを優雅に着こなし、社交界にさらなる花を添え、シャネルの名声はロンドンで上がる一方だった。彼女の名は二代目ウェストミンスター公爵、ベンドアの耳にも入っていた。

モンテカルロでの出会い

一九二三年暮れ、シャネルとヴェラはモンテカルロに滞在していた。ちょうどそのとき、ベンドアのヨット、フライング・クラウドもモンテカルロのヨットハーバーに停泊していたのである。

ロンドンで既に名を聞いていた有名なフランスのデザイナーが、いま、モンテカルロにいる。一度会ってみたいものだ。そう思ったベンドアは、親しいヴェラに彼女をヨットでのディナーにご招待したいと手紙を託す。

シャネルは、当時二度目の離婚寸前であったウェストミンスター公爵がイギリス一の資産家であることも、最高の地位の貴族であることも知っていた。ところが、彼女は、その招待に少しも興味をもたなかった。

断ろうとした彼女の考えを変えさせたのは、別れたとはいえ、友情をもち続けていたロシア貴族のドミトリーだった。彼もそのときモンテカルロに滞在していたのだ。ロシア皇室と血縁関係にあるイギリス王家の偉大さを熟知しているドミトリーは、まぶしいほどの輝きを放つウェストミンスター公爵の名に、心のときめきを抑えることはできなかった。それに彼は、動くシャトーともいえる、フライング・クラウドも見てみたかった。シャネルがこの招待を受け自分が同行できれば……。

ドミトリーは執拗に、けれどもエレガントにシャネルに招待を受けるように勧める。やっと決心し、ヨットに向かったシャネルの傍らには、相変わらず美しい貴公子ドミトリーの姿があった。彼女は招待を受ける条件として彼の同席を求めたのだった。

ウェストミンスター公爵のヨットは、水の上を走る宮殿のようだった。特に、船上の人が食事の度に集まるダイニングルームはゴージャスで、十八世紀を彷彿させる優美な曲線と軽快さが特徴のロココ様式だった。そこでベンドア、ヴェラ、シャネル、ドミトリーの四人がひとつのテーブルを囲み、極上のワインと美味を味わいながら会話を楽しんだ。その間中、ミュージシャンがロマンティックなセレナーデを奏で、その後のダンスタイムは朝方まで続いた。

確かに社交界の人たちはほかの人たちよりずっと楽しい。笑わせてくれるし、エスプリがあるし、機転がきくし、鋭さがあるし、いつも目覚めている。彼らにとって毎日が日曜日なの。

ヨットのインテリアも、育ちの良さを全身から放つエレガントな公爵も、シャネルにいい印象を与えた。

対等のプレゼント

仕事を何よりも優先するシャネルは、つかの間のヴァカンスを楽しんだあとパリに戻り、コレクション創作に没頭する。そうした彼女のもとに、ウェストミンスター公爵からのプレゼントがひっきりなしに届く。
あるときはイートン・ホールの庭園に咲く花であり、またあるときは温室で育ったフルーツだった。新鮮なスコットランドのサーモンが飛行機で直接届けられることもあった。それだけではない。目も覚めるばかりのダイヤモンドやエメラルドが贈られることもあった。それも一度や二度ではなかった。

小さなプレゼントは友情をつなぐけれど、大きなプレゼントは自尊心を傷つける。

あまりにも高価なプレゼントは、シャネルを用心深くさせる。彼はこのわたしをどうしようというのだろうか。彼の思い通りにするつもりなのだろうか。多くの富豪が気に入った女性を手にするためにそうするように。でもわたしはちがう。わたしは仕事をもつ独立した女性だ。生きていくために男性の援助を必要とする未熟な時代は、とうの昔に終わっている。

自尊心はわたしの悪い性格の鍵だし、独立心や社交嫌いの鍵でもあるの。自尊心は同時にわたしの力と成功の秘密。

シャネルは自分が精神的にも経済的にも自立した女性であることを明確に示すために、贈り物が届けられる度に、それと同じ価格のプレゼントを公爵に送っていた。それでもベンドアはあきらめなかった。彼がそれまで知っていた女性は貴族や富豪ばかりで、息が通った人形のようで、皆、同じに見えた。ところがシャネルは自分の人生を力強く生きている女性だった。相手が誰であろうと率直な意見を述べ、活発に指示を与え、活発に動き回る彼女はあまりにも新鮮で、あまりにも魅力的だった。全身から力強いオーラが放たれていた。

自分をしっかりもち、生き生きとしているシャネルに、心底から魅せられていたウエストミンスター公爵の誠意は、それから間もなくしてむくわれる。ベンドアの愛がつかの間の浮いたものではなく、真剣であることをシャネルは悟ったのだった。

彼は気取りのない男性。いままで会ったことがないほど内気な人。王とか、置かれている状況や財産のために世間から孤立した人特有の内気さをもつ人。

ありあまる財産に囲まれていながら、実際には孤独な彼に、シャネルは心を動かされたのかもしれない。

彼のことを、人々がイギリスでもっとも重要な人物だと思っていることを迷惑がっていたわ。

公爵は人に会うのを怖がったりさえしていたとシャネルはのちに回想する。ベンドアとシャネルは、フライング・クラウドでの船旅を時間が許すかぎり楽しむようになる。

船旅のインスピレーション

寛大な陽光、澄み切った青い水をたたえる海、真っ白い水しぶき。船の乗組員たちは日焼けした顔と体を輝かせながら満面に微笑みを広げ精力的に働いている。シャネルは船旅を楽しみながら彼らを観察する。横縞のシャツも、幅広いパンツも、ちょっと斜めに被る水兵帽も、何と開放的で、何と楽しげで何と若々しく魅力的なんだろう。彼らの服装には、働くことの喜びが満ちあふれているようだった。

感性に新たな刺激を受けたシャネルは、早速同じような服装をする。青と白の横縞のコットンのシャツ、幅広いゆったりした白いパンツ、日焼けした顔、深く被ったベレー帽。

すごく日焼けした耳たぶに、真っ白いイヤリングを付けるのが大好き。

鏡に写る姿を見ながら彼女は、四十を超えて生まれ変わったかのように潑剌とした自分を発見する。それは心地よいことだった。人生が、いま、始まったかのように新鮮だった。小躍りしたいほど軽快だった。

四十歳を過ぎると誰も若くない、でも何歳でも魅力的でいることはできるのよ。

ドーヴィルに最初のブティックをもった一九一三年にも、海の男たちの服装からインスパイアされた服をつくったが、本格的なスタイルとしてのマリンルックが誕生したのは、ウェストミンスター公爵との船旅がきっかけだった。

ファッションは服の中だけにあるのではなく、空気の中にもある。ファッションは風がもってきて、見せてくれて、それを人が感じるもの。ファッションは空にいるし、どこにでもいるものなのよ。

清々しさと若さがあふれるマリンルックは、たちまち女性たちを夢中にし、夏に欠かせない装いとなる。時代がいかに変貌しようとも、常に新鮮な輝きを撒き散らすマリンルックは、自由を尊ぶシャネルのエスプリが生きるスタイルのひとつなのである。それが、働く水夫たちの服装から生まれたことは、実用性に重点を置く彼女ならではであった。

イートン・ホール

二度目の妻と離婚したウェストミンスター公爵は、シャネルを本宅イートン・ホールへ招く。豪邸や豪奢な生活に既に慣れていた彼女だったが、イートン・ホールには目を見張らないではいられなかった。そこには、現実と思えない世界が広がっていた。めまいを覚えるほど広大な領地内のゴシック様式の壮麗なシャトーは重厚で、代々の城主の偉大さが感じられるほどだった。実際、ウェストミンスター公爵の先祖であるグローヴナー家は、十七世紀からの歴史を刻む名門だった。

シャネルが驚いたのは、シャトーの中に名画が何気なく飾られていることだった。

ベラスケス、ルーベンス、ゴヤ、ラファエロ……こうした世界的に賞賛されている巨匠たちの傑作に囲まれて、公爵家の日常生活が営まれているのである。

　幅広いモニュメントのような階段を上ると、中世のよろい甲冑に身を固めた戦士たちの像が、ずらりと整列しているのが見える。数多くの馬の骨を保存している大きなガラスケースもある。

　地下にはアンティークのロールス・ロイスが、十七台も並んでいた。モーターは時折交換し、バッテリーは常にチャージされているし、ガソリンも満タンにし、いつでも使用できるようにしているという。すぐ近くにある港でも、公爵の複数のモーターボートが準備を整えて待機していた。

　壮大な庭園のあちらこちらに彫刻が飾られ、運河があり、プールがあり、人工的につくった洞窟もあり、ティーハウスもあった。イタリア式庭園の中央にはドラゴンの彫刻があり、そこから噴水が勢いよく吹き上がっていた。自慢の温室は長さ百十七メートル、幅三メートル、高さ五メートルで、庭師は五十六人もいた。


そこには二度と見られないほどの豪華さがあった。

さすがのシャネルも圧倒された。

毎週末には六十人ほどの招待客を迎えていた。のちにイギリス首相になるウィンストン・チャーチルはベンドアの親友で、イートン・ホールの常連客だった。

シャネルはそこで女主人のような役割を果たしていた。シンプルでありながらエレガントに装い、気取ることも気後れすることもなく、ごく自然に振る舞い、十分な知識と話術でベンドアの招待客に接していた。

そうした彼女はほかのイギリス紳士にも魅力的に映ったようで、のちにアメリカのシンプソン夫人と結婚するために王位を捨てる、当時皇太子だったエドワードの心もとらえた。

公爵のスポーツウェア

イートン・ホールやそのほかの公爵の館に滞在している間にも、シャネルの鋭敏な感性は休むことなくさまざまなことをとらえていた。特に彼女が興味をもったのは、釣りや乗馬、ハンティングに情熱を抱くベンドアが着るスポーツウェアだった。体を締め付けることなく、いかなる動きも可能にし、それでいてエレガント。しかも長もちする。それだけいい素材だということである。

ウェストミンスター公爵はエレガンスそのものだった。でも新しいものは何ももっていなかった。彼の靴をわたしが買いに行かなければならないこともあったほど。同じ上着を二十五年間も着ている人だった。

彼のほとんどのスポーツウェアの素材は、ざっくりした感じのツイードだった。ツイード。

それはのちにシャネル・スーツのアイコンとなる。時空を超えて愛され続けるツイードのシャネル・スーツやジャケットは、ウェストミンスター公爵との出会いがもたらした賜物だった。

イギリスとスコットランドの境界を流れる、清涼な水で知られるツイード川の流域でつくられていた毛織物ツイードは、太めの糸で織ってあるために耐久性があり、長もちし、体の動きをスムースにする柔軟性がある。公爵のツイードジャケットを借りて羽織っていたシャネルは、その着心地のよさを体感していた。ショートカット、ツイードの大きすぎるジャケット、両手をポケットに入れた彼女は、もぎたてのフルーツのようにフレッシュで、やんちゃな少年のようにチャーミングだった。

シャネルの服づくりの基本は、自分で実際に着て、動き、働き、体の自由が束縛されていないか見極めることにあった。

体の自由ほど美しいものはない。

エレガンスと実用性の融合がある、シンプルで昼も夜も着られる服をつくること。それを彼女は信条としていた。

体の動きを制約しないツイードが、革新的精神の持ち主であるシャネルを魅了しないわけがなかった。男性の服装に使用されていたこの布地を、女性の服に使っていけない理由などない。

第一次世界大戦の物資不足の最中に、おもに男性の下着に使用されていた、肌触りがよく、しなやかで、しわになりにくく伸縮性に富むジャージーに着眼し、着心地満点の服をつくってモード界に衝撃と斬新さを与えたシャネル。彼女は、いままた、新たな素材を前にして、新たな創作意欲にかられたのだった。

「デザイナーと時代の共同作業」

さらっとした感覚が心地よいツイードはメンズウェアに使用され、しかも、ハンティングや釣りなど、自然の中で着用することがほとんどだったために、グレーやブラウン、グリーンなど自然と溶け込む色が好まれていた。汚れが目立たないことも重要だったのだ。彩色は自然の中で育つ植物が使用されていた。

着れば着るほど体に馴染み、自分の一部となったような錯覚さえ起こさせるツイード。

服は体の上で動かなければならない。

シャネルはこれからの時代を生きる活動的な女性に必要なのは、この素材なのだと確信する。

女性のためのツイードを必要としたシャネルは、製造業者に明るい色も製作するよう指示する。赤も欲しいしピンクもかわいくていい。パープルも品があっていい。もちろんブルーも欲しい。

当初はイギリスの業者のツイードを使用していたが、そのうちフランスの織物業者に、彼女が希望するカラーとクオリティのツイードを製作させるようになる。

ツイードを使用した最初のスーツが発表されたのは一九二八年だったが、今日見られるようなツイードのシャネル・スーツが本格的に登場したのは一九五四年だった。その原点が、ウェストミンスター公爵と共に生きた、伝統ある本物のイギリス貴族生活にあるのは意義深い。

服をつくるのは、デザイナーと時代の共同作業なの。

川や森など、自然があたり一面に広がる中で、殿方たちの体を控えめに包んでいた地味な存在だったツイードは、目まぐるしく変動に変動が続く二十世紀に、ガブリエル・シャネルという比類なき女性によって、陽の当たる場所に堂々と、華麗にその姿を見せるようになったのである。

パリの息吹のスーツ

肌触りがよく耐久性があるツイードを素材とし、ウエストを縛らないストレートラインのシャネルのスーツは、体型の欠点を隠すと同時に動きをスムースにさせる。裏地につけられたチェーンは、いかなるときにも服のラインをカチッと保ち、いくつもあるポケットは装飾と実用をかねている。

わたしは行動する女性をお客にした。行動する女性は動きやすい服が必要。袖をまくり上げることもできなくてはならない。

袖口のボタンは単なる飾りではなく、ボタンホールがあり、開けて袖をまくることもできる。さまざまな素材のひも状の飾りブレードは、フェミニンなアクセントを生んでいる。基本は変わることなく、常に「いま」を感じさせるエレメントを加え続けているシャネル・スーツには、時空をはるかに超える普遍のエレガンスがある。

仕事をするときもスーツを着ていたシャネル。そうした彼女自身がモードだった。帽子を被り大粒のジュエリーをつけて精力的に働き、輝きをちりばめていた彼女の全身がパリだった。シャネルという名がつくものすべての製品がいつの世にも愛されるのは、パリを代弁する彼女の語りかけが息づいているからだ。

アトリエに行くときわたしは、もっているすべてのパールをつけるの。なぜって、そこで働く人たちの名誉ある存在でいたいから。

たとえ五分間でも、身だしなみを整えて外出しなくてはダメ。その日に運命の男性に出会うかもしれないから。

働く女性の先端を駆けていたにもかかわらず、装うことを怠らなかったシャネルは、女性の憧れなのである。彼女に代わる人はどこにもいない。ガブリエル・シャネルは唯一無二の人なのである。

別荘『ラ・ポーザ』

モナコ近くの風光明媚なロックブリュンヌ・カップ・マルタンに、シャネルが別荘を建てさせたのは一九二九年だった。地中海を見下ろせる高台にあるその別荘は『ラ・ポーザ』とよばれ、彼女のもっともお気に入りの憩いの場となる。

オリーヴやラヴェンダーが咲き誇るその地には、地中海を愛するイギリス人、サー・ウィリアムソンの別荘があったが、それを取り払ってシャネルは自分の好みに合う館を建てさせる。建築状況が気になって仕方がなかった彼女は、毎月パリからトラン・ブルーに乗りモナコまで行き、そこから車で工事の進み具合を見に行くほどの心配りだった。

敷地内には広々とした母屋と、友人たちが気兼ねなく暮らせるようにと二軒の館もつくらせた。

母屋の広々としたホールから二階に向けて、厳格さがある石づくりの階段が左右対称にふたつあった。それは彼女が少女時代を送った、オバジーヌの十二世紀の僧院にあったのを模倣したのだと、のちに自ら語った。そのホールから見える中庭に面した壁には、重厚な趣のロマネスク様式のアーチが三つあり、芝生が植えられた中庭の先にも同じアーチが三つあり、きれいな均衡を保っていた。

家具は少なめにし、基本の色は白とベージュで、そのために家の中に空気が流れているような爽やかさがあった。部屋数は全部で四十もあり、ガレージは六台の車を置ける広さだった。

もっとも素晴らしいのは、高台にある『ラ・ポーザ』から見える、混じりけのないブルーを一年中見せる地中海と、その界隈に点在するオレンジ色の屋根瓦の家々だった。それはまるで、名画を見るような美しい景観だった。

シャネルはそこに頻繁に友人を招いていた。ソレームで隠遁生活を送っていた詩人ピエール・ルヴェルディは、突然現れ、何週間も滞在していたかと思うと、ある日また突然に妻が待つソレームに帰ることもあった。

友人たちを旅行に誘うとき、いつもわたしが支払っていた。無料で楽しめるとわかると、人は面白くなったりチャーミングになったりするもの。つまりわたしはその人たちの幸せを買っていたの。

花形イラストレーター、ポール・イリブも作曲家イーゴリ・ストラヴィンスキーも滞在した。画家のパブロ・ピカソ、サルバドール・ダリ、そして映画監督ルキノ・ヴィスコンティも『ラ・ポーザ』に愛着を抱いていた。もっとも長く滞在していたのはジャン・コクトーだった。

ミシアは彼女の部屋をもっていたほど年中滞在していたし、ウェストミンスター公爵の姿も頻繁に見られた。彼は『ラ・ポーザ』のインテリアをことのほか気に入っていたし、多くのイギリス人がそうであったように、南仏の気候と穏やかな地中海に憩いを見出していた。彼にはもうひとつ楽しみがあった。親友チャーチルが近くの別荘を度々借り、滞在していたことだった。

シャネルが一九五三年に『ラ・ポーザ』を売却し、ハンガリー出身の出版業を営む富豪エメリー・リーヴスが、妻ウェンディと購入したあとは、彼らと懇意にしていたチャーチルがこの館に長年滞在し、絵を描いたり著書を手がけたりしていた。モナコのレーニエ大公がグレース公妃と滞在したこともあったし、ウィンザー侯爵夫妻も招待された。

夫亡きあともウェンディは『ラ・ポーザ』に住み、彼女が世を去った二〇〇七年に主を失った館は閉じられた。けれどもその一部がアメリカのダラス美術館に復元され、リーヴス夫妻がコレクションしていた美術品が展示されている。現在でも、シャネルの住まいに関する好みがいかなるものであったか、その一端を見られる、貴重な美術館である。

「四十歳以上になってやっと、女性は面白くなるもの」

ウェストミンスター公爵がイギリス王室に仕える男爵の娘、ローリア・メアリー・

ポンソンビーと三度目の結婚をしたのは一九三〇年だった。

公爵はシャネルとの結婚を真剣に考えていたようだったが、それに反対したのはチャーチルだった。保守党の大蔵大臣だった彼は、ウェストミンスター公爵がイギリス一の名門であるからには、その名にふさわしい女性を妻として選ぶ重要性を説き、さらに、家の継続のために子どもを産める年齢でなくてはならないことも主張した。シャネルはすでに四十代半ばを超えていたのである。

チャーチル自身、シャネルがいかに優れた女性であるかよく知っていた。教養も十分あるし、作法も知っているし、社交性も申し分ないことも、個性的な性格が魅力的であることもわかっていた。けれども結婚は別だ。王家に次ぐウェストミンスターほどの名門ともなると、その結婚は国にとっても一大事だ。チャーチルはその考えを頑固に変えようとしなかった。

一方、シャネルにしても、クリエーションに終止符を打って公爵夫人になりきる気はなかった。

仕事は彼女の生き甲斐だった。

お金を手に入れたいから始める。それから仕事の面白さにとらわれる。仕事はお金よりずっと強い味がある。

わたしは仕事のためにすべてを犠牲にした、愛でさえも。仕事はわたしの人生を食べつくしてしまった。

仕事以上にわたしに安らぎを与えてくれるものはないし、暇ほどわたしを疲れさせるものはない。働けば働くほど働きたくなる。

シャネルと別れて三度目の結婚をしたウェストミンスター公爵だったが、それも結局長続きせず離婚し、その後四度目の妻を迎える。

公爵が生涯を閉じたのは、一九五三年、シャネルに馴染み深いスコットランドのシャトーだった。

第8章　ハイジュエリーへの挑戦を後押しした

花形イラストレーター　イリブ

初めてのハイジュエリーコレクション

一九三二年十一月七日、フォブール・サントノレ通りのシャネルの館では、華麗な輝きと感嘆の声が行き交っていた。彼女の初めてのハイジュエリーコレクションが発表されたのである。

見上げるばかりに高い天井から、クリスタルのシャンデリアが眩《まばゆ》いほどのきらめきを放射線状にちりばめ、ストレートラインが特徴のアールデコのいくつもの鏡が、サロンに奥行きを与えていた。その前に置かれた大理石の柱の上で、ろうのマネキンがダイヤモンドのハイジュエリーをつけている。それがモードの女王シャネルが考えた、ダイヤモンドジュエリーのプレゼンテーションだった。

幻想的な空間を盛り上げていたのは、レリーフをほどこしたマントルピースの上の彫刻と、シャネルが愛着を抱いている壁際のコロマンデルの屏風だった。この記念すべき日をシャネルは、多くの思い出を語る屏風と共に分かち合いたかったのだ。

鏡の前のどのマネキンもシャネルのようにショートヘアで、ダイヤモンドのジュエリーに包まれながら、微笑《ほほえ》んだり、斜め下を見つめたり、視線を遠くに送ったりしていた。

ろうのマネキンの艶《つや》やかな光沢と、ダイヤモンドの高貴な輝きが何と美しいハーモニーを奏でていたことか。

布地がもつしなやかさが伝わってくるようなリボンのチョーカーやネックレスもあれば、華やぎある動きを見せるフリンジのディアデムやブレスレットもある。彗星の一瞬の流れを描いたネックレス、星のブローチ……。

中にはクラスプを操作して、帽子の飾りとふたつのブレスレットになる画期的なジュエリーもあった。

宝石はリンゴの花のように

ダイヤモンドのきらめきにさらなる品格を与えていたのは、プラチナだった。純度が高く永遠に天然の輝きを保つプラチナは、ダイヤモンドの価値を最大に引き立たせる。

わたしがダイヤモンドを選んだのは、その濃い密度で、最小のヴォリュームで最大の価値を表現するから。そして、エレガンスとモードの両面をもつパリュールに心を惹かれたために、輝くものへの自分の美的感覚を生かしたの。

シャネルがこのコレクションで示したかったのは、ダイヤモンドが織りなすエレガントなモードだった。長年の歴史を誇る従来のジュエリーではなく、モードの息吹が感じられる、新時代にふさわしい、新感覚の宝飾品だった。

宝石は無邪気に、さりげなく見なくてはいけない、道路ぎわをフルスピードで走る車から見える、リンゴの花を楽しむようにね。

本当の意味での体にまとうジュエリー。それを彼女は実現したのである。この服のデザイナーならではの発想は斬新だった。意表をついたどの作品も歓喜を巻き起こした。

どうして美しい貴石に惑わされてしまうのかしら。首の周りに小切手をまいているようなものなのに。

そう言って、以前は、貴石を使用しない手頃なプライスのコスチュームジュエリーを提唱し、自らも愛用していたシャネルだった。高価な宝石を身につけることが重要なのではなく、服を引き立たせるためにコスチュームジュエリーをつけるのが大切なのだと語り、多くの女性の共感を得ていた。
そうしたシャネルが、突然、ダイヤモンドのハイジュエリーを発表したのである。

世界恐慌

それには理由があった。

一九二九年から世界恐慌が始まり、当初はそれに耐えていたフランスだった。ところがその後、経済は下降線を辿る一方で、一九三二年には最悪の状態に追い込まれた。シャネルがダイヤモンドハイジュエリーを披露したのは、その年の秋だった。

困難なときは、本能的に本物が欲しいという願望をよび起こすもの。

こうした経済不安な時代に人々が求めるのは、真の価値があるものだと、彼女の鋭敏な感性と知性がとらえたのだった。

そうしたシャネルを力強く応援していたのが、多才なアーティスト、ポール・イリブだった。

シャネルとイリブが親しくなったのは一九三〇年代初期だった。それ以前に既に知り合っていたが、顔が合えば挨拶を交わす程度でしかなかった

二人の間が急激に狭まったのは、シャネルがウェストミンスター公爵と別れた直後で、気丈な彼女は公爵の結婚を祝福したとはいえ、心を支配する大きな空虚感を追い払うことはできないでいたことだろう。

わたしがシャンパーニュを飲むのは二回だけ。恋しているときとそれを失ったとき。

イリブも二度目の妻と不仲になり、ひとりぼっちになっていた。

マルチタレントのイリブ

シャネルと同年に生まれたイリブは、エコール・デ・ボザール（国立高等美術学校）で建築を専攻し、一九〇〇年にパリで開催された万国博覧会に参加した最年少の建築家だった。

ポール・イリブ

一九〇六年になるとイラスト入りの新聞『ル・テモワン』（目撃者）を発行する。彼の片腕となっていたのはジャン・コクトーで、ジムというペンネームで風刺画を描いていた。のちに劇作家、映画監督として名を成すサシャ・

ギトリも彼らの仲間だった。

イリブの才能は直ちにほかの分野の人にも認められた。中でもデザイナーのポール・ポワレは彼のイラストに魅了され、一九〇八年には、『ポール・イリブが描くポール・ポワレのドレス』という限定版の美しい画集を発行した。お洒落に敏感な女性たちは競ってそれを手にし、イリブは絶対的な人気と名声を得たのだった。


アメリカの女優ジェーン・ディリスと結婚したイリブは、彼女の舞台衣装や装身具だけでなく、富豪の住まいのインテリアも手がける多才ぶりを発揮していた。人気が人気をよび、ついにはフォブール・サントノレ通りに洗練を極めた室内装飾のブティックをオープンしたほどだった。一九一四年にはジャン・コクトーと共同で雑誌『ル・モ』も発行する。

すべてが順調だったが、第一次世界大戦が彼の活躍の場を狭めることになる。

切り替えが早く行動力があるイリブは、大西洋を渡りアメリカへと向かう。一九一九年のことだった。その間にジェーンとの仲が悪化し離婚する。

新大陸での再出発を試みた彼は、アメリカの大金持ちメイベル・ホーガンと知り合い、再婚する。ヨーロッパのモダンの最先端をいく稀有な存在と思われていたイリブの知名度は高く、ニューヨークの五番街にオープンしたブティックはすぐに好評を博したし、権威あるファッション誌『ヴォーグ』に彼が描いたイラストもアメリカ女性を虜にした。

そうした彼に注目したのは、二十世紀のアメリカ映画の巨匠、セシル・B・デミル監督だった。彼の誘いを受け、妻と連れ立ってハリウッドに暮らすようになったイリブは、きらびやかな映画の世界に喜び勇んで飛び込む。

第一次世界大戦後、大衆の心をとらえる映画を次々と製作し大成功を収めたデミルは、この時代のもっとも有能な監督だった。これほどの人物に目をかけられたイリブは、実力があるとはいえ幸運だった。

彼はデミルのいくつもの映画で新分野開拓の喜びを味わう。特に一九一九年の『男性と女性』の主演女優グロリア・スワンソンの衣装と、一九二三年の『十誡』の装飾は彼の名を不動のものとしたほど素晴らしかった。

けれどもやがて、ハリウッドでの栄光に影がかかる日が訪れる。一九二七年の『キング・オブ・キングス』の衣装と背景に関して、デミルとイリブの意見の相違が爆発し、それを期としてイリブはハリウッドを、さらにはアメリカを離れる決心をする。妻メイベルと、二人の間に生まれた息子パブロと共に、彼は客船でフランスへと戻った。

フランスでの活躍

祖国は彼の名を忘れていなかった。多くのオーダーを受けたイリブは、水を得た魚のごとくにデザインの仕事に没頭する。

一九三〇年、彼に香水のブランドマークを依頼したのは、女性デザイナー、ジャンヌ・ランバンだった。娘マリー・ブランシュの三十歳を祝って発売した香水『アルページュ』の母娘のシルエットは、イリブの伝説的な秀作である。

その翌年には高級宝飾店モーブッサンのカタログのカバーも手がけたし、アメリカ進出のキャンペーンも任された。金持ちの住まいのインテリアにも才知を発揮したし、ガラス工芸家・宝飾デザイナーのルネ・ラリックのためにクリスタルのビジューのデザインもした。

インテリで才能があり、柔和な顔がチャーミングなイリブは、女性に人気があった。美貌や財産に恵まれた年上や若いご婦人方に取り囲まれ、それを夫が人生の喜びのひとつとし、一向に改める様子も見せないことにメイベルはうんざりしてくる。華やかな生活が好きなイリブは、別荘はもちろん、高級車やヨットさえも買った。彼の収入がよかったこともあるが、メイベルの資産なしではとうてい不可能だった。

そのうち大恐慌が起き、それまでのように贅沢ができなくなる。そうなると二人の間に亀裂が入り、メイベルは家族の助言に従って夫をフランスに残し、アメリカへと戻ってしまう。

イリブはひとりになった。同時期にシャネルもウェストミンスター公爵と別れ、ひとりだった。イリブとシャネルは急速に親しくなる。同年に生まれた二人は四十七歳だった。

獅子座生まれの宿命

幅広い活躍をしていたイリブは、本物のアーティストだった。彼はそれぞれの時代の最先端をいき、新しい傾向を次々と形で示していた。

クリエイトすることの価値を心底から知っていたシャネルは、そのためにイリブに惹かれたのだろうか。

年を重ねれば重ねるほど、わたしは柔軟になる。立派な女性はほかの女性たちをうんざりさせるし、男性を退屈させる。

彼女は彼の叡智と豊かな創造性に一目置き、彼の意見に耳を傾けるようになった。

戦争で廃刊になっていたイリブのイラスト入りの新聞『ル・テモワン』を、再びキオスクに並べられるように資金援助をしたのはシャネルだった。それだけでなく、発行元をシャネル社にさえした。

それほどの情熱を捧げていたイリブに、ダイヤモンドのジュエリー展を勧められ、シャネルはそれを素直に実現したのである。

また、フォブール・サントノレ通りの館には不必要な部屋がいくつもあり、経費もかかりすぎているのでは、とイリブが指摘すると、それにすぐに同意し、気に入っていたその住まいをさっさと引き払い、ホテル・リッツにスイート・ルームを借りた。

わたしは獅子座に生まれた。よほど強い男性でなければ、わたしと暮らすのはすごく難しいことだし、わたし以上に強い男性と暮らすのは、わたしにとって不可能だったように思える。

そのように言っていたシャネルだが、彼女はイリブとの結婚を考えていたようである。

一九三五年九月二十一日朝。パリからトラン・ブルーでモナコに到着したイリブは、車で『ラ・ポーザ』に向かった。そこには数日前からシャネルが滞在し、つかの間の休息を満喫しながらイリブを待っていた。

彼が到着したことを知るとシャネルは、白いガウンのまま現れた。言葉を交わし、午前中の清々しい空気の中でテニスをしたいからと、イリブは友人を誘ってテニスコートに向かう。

空はいつものように南仏特有の混ざり気のない青を見せていた。別荘の庭に咲く花たちも可憐な姿を見せていた。それもいつもと同じだった。イリブと友人は軽快にボールを交わしていた。

しばらくして着替えたシャネルが現れた。

イリブがラケットを手にしたまま振り向いた。その瞬間、彼は手で左胸を押さえ、倒れた。

シャネルが駆け寄った。友人も駆け寄った。イリブは何の反応も示さなかった。意識を失っていたのである。

すぐに救急車がよばれ、イリブは近くのマントン市のクリニックに運ばれた。しかしそのとき、イリブは既に永遠の別れを告げていた。

イリブの死を目の前で見たシャネルは石のように一言も発しなかった。彼女の苦しみは、彼女から言葉をもぎ取るほど大きかった。

いすに座ったまま彼女は頭を垂れ、涙を流さず、声もあげずにいた。

終章

引退、そしてカムバック

若きヴィスコンティへの支援

シャネルがハイジュエリーコレクションを発表した一九三二年に、彼女はルキノ・ヴィスコンティと名乗る二十三歳年下の青年と親しくなる。彼はミラノ公国の名門貴族ヴィスコンティ家に生まれた稀に見る美しい若者で、パリに暮らすようになって間もない頃だった。シャネルは限られた人しか招待しない、カンボン通りのアパルトマンのサロンやランチに彼を迎えるようになる。

由緒ある貴族はシャネルの好みだった。それは彼女が爵位に魅せられていたからではなく、そうした家に生まれた人の細胞には格別な輝きが宿っていて、それが日常の些細な行動にも現れるため、研ぎ澄まされた感性の固まりのシャネルには心地よかったのである。

若く長身で、ノーブルな顔立ちに加え、教養豊かで、育ちのよさが全身からほとばしっているヴィスコンティに、シャネルはたちまち心を奪われた。彼の将来が未知数であるがために、何かしてあげたいという母性愛を抱いたのかもしれない。いずれにしても二人が強い絆で結ばれていたのは誰から見ても明らかだった。

わたしは個性が強い人と気が合う。偉大なアーティストを尊敬すると同時に自然に接していたわ。わたしは彼らの良心なの。

そう言うシャネルを取り囲んでいたのは、キラ星のごとき人々ばかりだった。

たくさんの有名人と知り合いになったけれど、彼らの世界に自分を結びつけるためではなく、ほかのどの社会より好きだったからだけ。

写真家であり、画家、彫刻家でもあり、映画製作にも情熱を傾けたアメリカ出身のマン・レイもいた。彼が撮影したシャネルのポートレートは、彼女がいかに強い意志をもつ女性であるかが伝わる傑作と評価されている。そのほかウクライナ出身でパリ・オペラ座の首席ダンサーであり、舞台監督でもあったセルジュ・リファールも、シャネルの取り巻きのひとりだった。

ルキノ・ヴィスコンティ

才能を世に認められた人々の息吹に包まれていたヴィスコンティは、創作意欲を強く刺激され、自分に何ができるか、自分の心が求めるものは一体何か真剣に考える。そしてある日彼は、それが映画だと気づく。シャネルはそのことを打ち明けられると、間髪を入れずに映画監督ジャン・ルノワールに紹介し、彼らの間を取りもった。

ジャンは印象派の画家ピエール＝オーギュスト・ルノワールの次男として生まれ、青年時代から映画に大きな関心をもっており、一九二六年、エミール・ゾラの名作を映画化した『女優ナナ』が高く評価されて監督としての名が世に知れ渡っていた。

シャネルがルノワールにヴィスコンティを紹介したのは一九三四年で、ルノワールは十二歳年下で映画製作の経験がまったくないヴィスコンティを、迷うことなく助手に抜擢する。紹介したのがシャネルだったからか、あるいはヴィスコンティの奥に才能のきらめきを感じたからかわからないが、翌一九三五年に発表した『トニ』の助手にしたのである。そして引き続き『ピクニック』でも彼をアシスタントとして選んだ。

その後ルノワールは、イタリアでプッチーニ作のオペラ『トスカ』の撮影に入るが、そのときヴィスコンティは助監督だった。けれども第二次世界大戦でイタリアが参戦すると、ルノワールはイタリアを離れ、カール・コッホが監督、助監督ヴィスコンティで撮影を続け一九四〇年に『トスカ』が完成する。

「与える」ための力

ヴィスコンティの監督としてのデビュー作は一九四二年の『郵便配達は二度ベルを鳴らす』だった。貧しいスラム街の人をテーマにした作品で、恵まれた華やかな人生を歩んできた彼との接点が、少しも感じられないような内容だった。第二次世界大戦中に製作した映画で、現実に根差した作品とみなされている。その頃ヴィスコンティはムッソリーニ政権やドイツ・ナチスに反対する反ファシズム運動に加わり、投獄されたこともあった。

シチリア島の貧しい漁師を描いた『揺れる大地』は一九四八年の映画で、現実を描写するネオレアリズモの代表的作品だと高い評価を受け、ヴェネツィア国際映画祭で国際賞を受賞している。その後彼は数多くの名作を生み出し、映画監督としての揺るぎない地位を築いていった。

イタリアに拠点を置いたヴィスコンティが、次々に話題作を世に送り出しているのを、シャネルは巣立った息子の成功を見るように遠方から見守っていた。

わたしが唯一喜んで使いたいもの、それは力。説得したり、あげたりするために、わたしは自分のありったけの力を自発的に使っていたわ。受け取るよりあげることのほうがずっと多かったように思う。
仕事にしても、愛や友情も。

ヴィスコンティには格別な才能があることも、彼が女性を愛するように男性を愛することも知っていた。そして、パリが自分たちの周りで輝きを放っていた時代が遠のき、二度と戻ってこないことも悟っていた。シャネルは以前にも増して仕事に熱中する。まるで、仕事が、彼女を守る唯一のものであるかのように。それだけが心の支えであり、救い主であるかのように。

ホテル・リッツでの暮らし

住まいにしていたホテル・リッツのヴァンドーム広場に面したスイート・ルームには、彼女から離れることがないコロマンデルの屏風が置かれ、ベージュのソファが置かれていた。大地の色であるベージュは心に安らぎを与えるようで、シャネルのお気に入りの色だった。食が細い彼女は軽い朝食をとり、ホテル裏側のドアを開けてカンボン通りに出て、すぐ反対側にある本社に向かう。

カンボン通りのブティックやアトリエの上の三階は、彼女の研ぎ澄まされた感性で選んだインテリアが施されたプライベートスペースだった。

サロンの控えの間にはルネッサンス期の木製の彫刻が置かれ、広々としたサロンではクリスタルの背の高い燭台が輝きをちりばめ、中国製の低いテーブル、ルイ十五世様式のいす、いくつものコロマンデルの屏風、あちらこちらで姿を見せる鹿やライオンの像、エジプトのお面などが相まって、シャネルに慰めを与える空間をつくっていた。

天井まで届く本棚には、読書好きのシャネルにふさわしく、書籍がびっしりと置かれ、その手前のスエードのソファで彼女は憩い、親しい友人たちとの語らいを楽しんでいた。書物はシャネルの最良の友だった。

わたしはよく本を買ったわ。もちろん読むために。本はわたしの最良の友だった。ラジオは嘘をつく箱で、本は宝物。

シャネルが本から得た豊富な知識は、周囲の人を驚かせるほどだった。

ダイニングルームも同じように年代物の家具が置かれ、ひとりで食事するのを嫌っていた彼女は友人や、時にはジャーナリスト、あるいは弁護士をランチやディナーに招いていた。

孤独はわたしを怖がらせるのに、わたしは孤独の中に生きていた。ひとりにならないためにお金を使ったこともある。ディナーをひとりで取りたくないから、街の巡査を招いたこともあるわ。

そのほかシャネルのビューロー（事務所）もあったし、厨房もバスルームもあった。このように彼女は、寝るためと休日の日曜日を過ごすためのホテル・リッツと、カンボン通りの本社階上のアパルトマンの二カ所を生活の場としていたのだった。

スイス・ローザンヌへ

シャネルの人生は第二次世界大戦で一変する。戦争が始まった一九三九年、高級な服に身を包まれて暮らす時代の扉が閉まったことを悟った彼女は、香水とアクセサリー部門を残してメゾンを閉鎖し、デザイナー活動をやめる。三千人いた従業員も解雇した。やがて戦争が終わりパリが解放されると、一九四五年、スイスに移住する。戦時中彼女は、ナチス・ドイツの諜報活動に加わっていたのではないかと嫌疑がかけられたのである。

告発から逃れるためにフランスをあとにし、スイスに逃れたシャネルは、ローザンヌのレマン湖のほとりにあるホテル、ボーリヴァージュ・パレスに滞在するようになる。

一八五七年に建築された歴史の香りを放つこのホテルは、多くの著名人が愛用し、その中にはチャーリー・チャップリン、ゲイリー・クーパー、ヴィクトル・ユゴーなどもいた。シャネルは戦前からローザンヌを訪れるたびにボーリヴァージュ・パレスに宿泊しており、馴染みあるホテルだった。

ローザンヌでの生活がよほど気に入ったようで、一九六六年、標高六百四十メートルの高さにある、レマン湖やアルプスが見渡せる素晴らしい眺めのソーヴァブランの森の館を購入する。その館にもコロマンデルの屏風が置かれ、シャネルの心に平和を与えていた。

ローザンヌでシャネルはひとりぼっちではなかった。フランス人作家であり外交官だったポール・モランが、第二次世界大戦中にナチス・ドイツに協力したと疑われ、スイスに亡命していたのだった。彼はマルセル・プルーストと親しい良家の子息だった。

シャネルとモランは一九二〇年代初期に顔見知りになっていたが、その後ほとんど会うこともなく、戦後、スイスの高級な保養地、サンモリッツのバドラッツ・パレスホテルで開催されたソワレで偶然に再会したのだった。

十九世紀末に建築された、宮殿のような優美なバドラッツ・パレスホテルで、シャネルはモラン相手に語り始めた。自分の生まれや生い立ちも。彼女はほかの招待客を完全に無視し、そこには彼女と彼しかいないかのように語っていた。

彼女の語りはその日だけで終わらなかった。モランを何度もホテルで食事に招待し、自分が店を出すようになったきっかけや、出会った素晴らしい人々のことも、さらに彼女が人生で学んだ哲学も何もかも、相手に口を挟む余地をまったく与えずに、立て板に水のごとくに話した。

シャネルは雄弁な女性だった。少しかすれたようなハスキーな声で、彼女はまるで禁断を解かれたかのように、ジェスチャーを加えながら大きく平たい口を動かしていた。それがすべて事実であるかどうかはモランにとって問題ではなかった。

わたしの人生、それはひとりぽっちの女性のヒストリーで、多くの場合ドラマなの。

彼はシャネルが語った、彼女が辿ったという人生の話に感動した。モランは忘れないようにと、毎回ホテルのレターヘッドに書きとめた。一九四六年暮れのことである。

シャネルはモランに自分の伝記を書いてほしかったのだろうか。もしそうだとしたら、白黒がはっきりしている彼女の性格から、出版を催促しただろうし、自分で修正もしたことだろう。

けれども、彼女の存命中に、モランのシャネルに関する本は形にならなかった。それが彼の意志だったのかどうかは不明である。

彼がホテルのレターヘッドに書きとめた、シャネルが語った人生のメモを偶然に見つけたのは、それからじつに三十年近くの年月が経ったときだったと、モランは書いている。

それを見つけた彼は、本にするかどうか迷った末、彼の本というより、シャネルの語りという形式で『ラリュール・ドゥ・シャネル（*L'allure de Chanel*：邦題「シャネル　人生を語る」）』を一九七六年に上梓した。

シャネルはその五年前に世を去っていた。

モランはその数カ月後に世を去った。

「ニュールック」の登場

シャネルがスイスに暮らしている間に、パリではファッションが大変貌を遂げていた。パリではというより、世界が新しいファッションの話題でもちきりだった。その話題の主はクリスチャン・ディオールというデザイナー。一九四七年に彼が発表した最初のコレクションが「ニュールック」とよばれ、大センセーションを巻き起こしていたのである。

彼がクリエイトするのは、戦前、女性たちが花のように美しく装っていた時代と同じに、ウエストを思いっきり絞り、フレアーがたっぷりある贅沢な服ばかりだった。長い間続いていた陰惨な戦争を忘れさせるような、ロマンティックで華やかな服。そこには夢があった。美しい物語が語られているようで、見ているだけで現実を忘れさせるようだった。

ディオールが新しいコレクションを世に披露するたびに、マスコミは大きく取り上げ、女性たちは憧れの熱いまなざしをモンテーニュ通りのクリスチャン・ディオールの店に注いでいた。ディオールはファッション界の寵児になっていたのだった。

スイスでそれを知ったシャネルは、我慢ならなかった。

ファッションは美し過ぎるものから始めて、最終的にシンプルに到着する。

働く女性のために、シンプルで実用性に富むエレガンスを提唱し、女性たちを華美な服装から解放し自由を与えたというのに、過去に戻るとは一体何事か。

彼女は自分の服づくりの信念を再び示さなければならないと決意する。スイスでのんびり暮らしていたら、女性たちは以前のように服の奴隷になってしまう。何とかしなければならない。いまのうちに手を打たなければならない。

パリに戻ろう、一刻も早くパリに行ってコレクションを発表しよう。

一九五三年、七十歳になっていたシャネルは決意を固めパリへと向かう。スイスにいる間にも何度も足を運んでいた、あれほど愛し、多くの忘れがたい思い出を刻んでいる別荘『ラ・ポーザ』を売却し、カムバックの資金の調達をした。

シャネルは仕事のことしか考えなかった。すべてを捧げて彼女はクリエーションのみに没頭する。

ファッション界への復帰

翌一九五四年二月五日、カンボン通りのシャネルのメゾンで、復帰後最初のコレクションが発表された。

メゾンを閉めて十五年も経ち、しかも、引退して余生をスイスでのんびりと過ごしていた高齢のシャネルが、一体、何を見せようとしているのか、ジャーナリストたちは興味津々だった。アメリカやイギリスから、『ハーパース・バザー』や『ヴォーグ』など影響力の強いファッション雑誌の記者も、この日を胸をときめかせながら待ち焦がれていた。

興味にかられた鋭い視線が交差する中で、百三十点の作品が次々に紹介された。そこにいたすべての人が、勇気ある決意をしたシャネルをひと目でいいから見たいと熱望していた。ところが彼女は、誰からも見えないように階段の上に姿を隠しながら、階下での成り行きを見つめていたのだった。

彼女の顔は厳しかった。招待客たちの反応がよくないことが、空気を通して伝わってきたからだ。

案の定、評価は低かった。クリスチャン・ディオールやクリストバル・バレンシアガの贅沢極まりない服に見慣れていたジャーナリストにも顧客にも、シャネルのそのコレクションは、時代遅れと映ったのだった。目の保養になるような見せびらかすための服ではなく、着心地がよく動きやすく、それでいてフェミニンなシャネルの服は、実用的ではあるが夢がないと判断されたのだ。

追い風は新大陸から

フランスでもイギリスでもいい評判を得られなかったが、アメリカは別だった。

ファションはパリで生まれている。何世紀も前からすべての国の人がそこに集まるから。

そう言うシャネルの名はフランスのエレガンスの代名詞だったし、彼女本人がパリのファッションそのものであることは、戦後も変わらないでいた。しかも彼女はフェニックスのごとく、競争が厳しいファッションの中心地に舞い戻ってきたのだ。七十歳の年齢にもかかわらず。

わたしはヒロインなどではないわ。でも、自分が何をしたいか自分で選び、それを実現しただけ。人に嫌われたり、感じがよくないと思われるのは残念だけど。

働く女性、自由な女性、自立する女性であることを自ら高らかに示し、そうした女性をターゲットとした服を再び提案したのだ。

それはとても刺激的なことだった。強い女性の象徴だった。

合理的な精神の持ち主である行動的なアメリカ女性は、シャネルのコレクションはパリのエスプリを備え、かつ実生活に即したエレガンスと受け取った。不必要なものをすべて省き、シンプルで機能的で、一日中着ていても疲れないし型崩れもしないシャネルの服。それは新大陸の女性にぴったりだった。

一九二六年にクレープデシンの黒いシンプルなドレスを発表したときも同じだった。襟もカフスもなく、かすかにウエストを絞っただけのそのドレスを、フランスやイギリスのジャーナリストたちの中には、貧しさの象徴とけなしたり、興味をもてないつまらない服と言う人もいた。ところがアメリカの『ヴォーグ』誌は、シャネルのリトル・ブラック・ドレスはフォードの車と同じように大衆向けだ、誰もが気軽にお洒落を楽しめると賞賛したのである。

キャッチフレーズも「シャネルとサインされたフォード車」と洒落ていた。

黒はシャネルが格別に好んでいた色だった。彼女は、黒はほかのどの色よりも強く、着る人を美しくするマジックがあるのだと思っていた。

　女性たちはすべての色のことを考えるけれど、黒はすべてをとらえる色、白も同じ。この二色は絶対的な美しさをもっている。白か黒をまとう女性を舞踏会に連れて行ってごらんなさい。その人しか目に入らないから。

シャネル・スーツの誕生

スイスからパリに戻って一九五四年に発表したコレクションの中で、アメリカ女性が特に評価したのはスーツだった。のちにシャネル・スーツとよばれるようになるその服は、体の動きをスムースにさせる布地、ツイードを使用し、顔の邪魔にならないように襟はなく、腕の上げ下げに負担をかけないように脇の下にゆとりがあり、袖口に切り込みを入れポケットもふたつある。昼間働きそのまま夜の食事にも行ける、実用性とエレガンスの両方を備えているシャネル・スーツは、戦後の勢いよく動く世に適した、しかも誰にでも似合うクリエーションだった。

いかなる非難にもくじけず信念を貫くシャネルは、アメリカでの好評に喜びを覚えながら創作を続ける。

やがて、彼女の代名詞的存在のスーツに真の価値を見出したフランスもイギリスも、シャネルを称えるようになる。

彼女は仕事のみに身も心も捧げ続ける。それしか彼女に生きる喜びを与えるものはなかった。

バッグの革命

比類なきシャネルのアイディアはバッグにも発揮された。発表した一九五五年二月を冠して『シャネル２・55』とよばれるキルティング・バッグである。

バッグを持ったり失くしたりするのにうんざりしたから、革ひもをつけて肩からかけるようにしたの。

バッグを持つと手が思うように使えないことを不便に感じたシャネルは、一九二九年に肩にかけられるストラップつきのバッグを既に世に出していた。復帰して仕事への意欲が日に日に増していた彼女は、時代に即したストラップつきのバッグにするために工夫を凝らし、新たな息吹を吹き込まれたバッグが生まれたのである。

バッグ全体にキルティング加工マトラッセがほどこされているために、耐久性が高く傷《いた》みにくく、万が一傷ついても目立たない。外側の裏に小さいポケットがあり、すぐに取り出したい鏡やくし、ティッシュペーパーなどを入れられる。ショルダーストラップにはチェーンが絡められているので丈夫だし、お洒落。シックでありながらカジュアルでもあり、時の激しい変貌に流されることもなく、バリエーションを加味しながら揺るぎない人気を集めているシャネルバッグ。それを身につけるとき、女性たちは女性である喜びを感じずにはいられない。

すべての女性がヴィーナスではない。でも欠点を隠してはいけない。隠そうとするとかえって目立ってしまう。

よく仕立てた服は誰にでも似合うもの。

醜い女性など存在しない。怠慢なだけよ。

服にしてもバッグにしても、そのほかのシャネルの名がつくすべてのアイテムには、ココ・シャネルの細かい配慮がなされていて、そのために彼女のエスプリが宿っていて語りかけるように思えるのである。

映画衣装の製作

その後シャネルは、映画の衣装もいくつか手がける。一九三九年にジャン・ルノワール監督の『ゲームの規則』で既に衣装を担当していたが、本格的に映画に携わるようになったのはスイスからパリに戻り、高齢であるにもかかわらずカムバックし、人々を驚愕させたあとだった。

一九五八年にはルイ・マル監督による『恋人たち』で、主演女優ジャンヌ・モローが成熟した女性の魅力を発揮するのにふさわしい服を数着クリエイトしている。翌一九五九年にはロジェ・ヴァディムが監督した『危険な関係』で再びジャンヌ・モローの服を担当した。パリの上流階級の複雑で甘美な恋愛関係を描くこの作品のジャンヌ・モローは、限りなく魅惑的だった。

一九六二年にシャネルが手がけたのは『白夜』や『若者のすべて』で映画祭の寵児となり、卓越した才能の監督と敬われるほどになっていたヴィスコンティの作品だった。彼が監督する映画は『ボッカチオ’70』で、主演はロミー・シュナイダーだった。オーストリアやドイツの映画、特にオーストリア皇妃を描いた三部作『シシー』で一躍有名になり、アイドル的存在だった。

ヴィスコンティの作品に出演することが決まったとき、ロミー・シュナイダーには二十四歳の初々しさがあった。彼女をヴィスコンティに紹介したのは『若者のすべて』で主演を演じたアラン・ドロンだった。二人はフランスとイタリアの合作映画『恋ひとすじに』で競演し、実際に恋に落ちて一緒に暮らしていたのである。

愛らしさがあったロミー・シュナイダーだったが、『ボッカチオ’70』でブルジョワ階級の魅惑的な妻を演じるのに、パリのマダムの雰囲気が足りないと見たヴィスコンティは、シャネルに衣装を依頼しただけでなく、着こなしや歩き方の指導も頼んでいる。それをきっかけとして、それまであか抜けなかったロミー・シュナイダーはパリジェンヌらしくなり、シャネルとの間に強い絆も生まれ、シャネル・スーツも愛用するようになったのであった。

日曜日

一九七一年一月十日、日曜日。シャネルは長年の友人クロード・ドレイと連れ立って、愛車キャデラックでロンシャンの競馬場に行った。競馬はエティエンヌ・バルサンと知り合ったときから、彼女のお気に入りの余暇の過ごし方のひとつだった。

競馬が終わり、ホテル・リッツの自分の部屋に戻った彼女は、寒気を覚えた。一月のパリは寒い。広い競馬場は特に寒さがきびしい。風邪をひいたのだろうか、ベッドに横たわっても気分は一向にすぐれなかった。

ベッドの上で八十七歳のシャネルは、通常の寒気とはちがう異常さを体全体で感じる。彼女は、ふと、自分がこのまま世を去っていくのではないかと思う。そして、それは、刻々と確かなことになっていく。それは彼女の実感だった。心配そうに見守るメイドにシャネルは弱々しい声で言った。

「ほら……こんな風にして……人は死ぬの」
自分の人生を自分の力で築き、世界中に名を轟かせた彼女は、自分の最期も自分でしっかりと把握していたのである。

夕刻、シャネルは静かに去っていった。永遠に去っていった。日曜日は誰も働かないから嫌いだと言っていた彼女は、その日曜日に生涯を閉じた。前日までその月の終わりに発表することになっていたコレクションの準備に没頭していた。生きている間は絶対に休みたくないと、仕事だけに喜びを感じていたシャネルは、最後の最後まで働き続け、生涯を終えた。

死に死を！　生存にしがみつく！　それなのにわたしは、あちらの世界に強い興味があるの。本物の天使たちに服を着せるために、わたしは天国に行くわ。地上でちがう意味の天使たちには既に着せたから。

「人生が大好き。生きることは素晴らしいことだと感じるの」

三日後の一月十三日、ホテル・リッツから近い所にあるマドレーヌ教会でシャネルの葬儀が行われた。一列目にはシャネル・スーツに身を包んだマヌカン（モデル）たちが並んでいた。シャネルが才能を認め、彼女のサークルの一員だった画家サルバドール・ダリもいた。オペラ座の舞台監督であり天才的バレエダンサーのセルジュ・リファールもいた。

デザイナーの才能はどこにあるかというと、予知できること。偉大なデザイナーはエスプリの中に未来をもっている人のこと。真冬に真夏の服を発明したり、その反対もできるように。

そう言ったシャネルが「彼こそがわたしの後継者」とその才能を絶賛した、三十四歳の若いイヴ・サンローランの悲痛な思いを込めた顔も見られた。

教会は無数のバラとカメリアで飾られていた。カメリアはシャネルが唯一愛したボーイ・カペルからプレゼントされた花だった。伝説的なデザイナーを見送るのにふさわしい盛大な葬儀のあと、シャネルの棺はスイスに向かい、ローザンヌの墓地に葬られる。

二十世紀を力強く生きたガブリエル・シャネルは、女性を服から解放させ自由を与えただけでなく、その波乱に富んだ豊かな長い人生を生きることによって、多くの教訓も残した。

もっとも悪い本でも何かしら語るもの。何かしらの真実をね。

そう言ってあらゆる分野の本を読んでいたシャネルの人生そのものが、女性たちに多くのことを教え、考えさせる本に匹敵する。

自ら働く女性であったシャネルは、動く女性、活動する女性に必要な服が何であるかを、自分の体験を通して知っていた。そしてそれを基本とした服づくりに徹底した。シャネルの服がいつの時代にもてはやされる理由のひとつはそこにある。

これから訪れる未来にいつも関わっていたい。

周囲の人に繰り返しこのように語っていたシャネルは、地上から姿を消した。けれども彼女のエスプリは、形あるものとして、その時代その時代の女性たちの傍らにいて語り続けている。時代がいかに変貌を遂げようとも、シャネルは常に女性たちと共にいるのである。彼女が望んでいたように。

シャネル略年表

西暦	年齢	出来事
1883	0歳	8月19日、ガブリエル・シャネル誕生。
1895	11歳	母ジャンヌ死去。 フランス中部の町オバジーヌにある聖母マリア聖心会運営の孤児院に、姉と共に預けられる。
1900	17歳	ムーランのカトリック系寄宿舎に入る。
1902	18歳	寄宿舎を出、カフェ・コンセールの歌手となる。 この頃「ココ」という愛称でよばれるようになる。 大富豪エティエンヌ・バルサンと出会う。
1907	24歳	バルサンの誘いでパリ近郊のコンピエーニュの都市ロワイヤリューへ。
1909	25歳	春、パリ・マルゼルブ通りに帽子のアトリエを設ける。 この頃イギリスの実業家アーサー・カペルと出会う。
1910	27歳	秋、カペルの出資を受け、パリ・ヴァンドーム広場の裏手のカンボン通りに帽子店『シャネル・モード』オープン。

1913	30歳	7月、カペルとフランス北西部のドーヴィルへ。ブティック『ガブリエル・シャネル』オープン。
1914	30歳	第一次世界大戦勃発。
1915	32歳	夏、カペルとスペイン国境近くのビアリッツへ。
1916	33歳	ビアリッツの『ヴィラ・ド・ラララルド』にオートクチュールのサロンとアトリエをオープン。
1917	34歳	ミシアと出会う。
1918	35歳	カペル、イギリスの貴族令嬢ダイアナ・リスターと結婚。 パリ近郊の『ラ・ミラネーズ』に引っ越す。
1919	36歳	12月22日、カペル、交通事故により死去。
1920	36歳	3月、パリ近郊のガルシュの丘にある『ベル・レスピロ』へ引っ越す。 8月2日、ミシア、セールと結婚。ヴェネツィアへの新婚旅行へシャネルも同行。 ドミトリー・パブロヴィッチ大公と出会う。 芸術プロデューサー、セルゲイ・ディアギレフの『春の祭典』再演へ

		資金援助を行う。 作曲家イーゴリ・ストラヴィンスキーと出会い、生活・公演など幅広く援助を行う。 詩人ピエール・ルヴェルディと出会う。
1921	37歳	5月5日、香水『CHANEL N°5』発表。
	38歳	秋、パリの中心にあるフォブール・サントノレの旧貴族館へ引っ越す。
1923	40歳	暮れ、イギリスの名門貴族ウェストミンスター公爵と出会う。
1926	43歳	リトル・ブラック・ドレスを発表。
1928	44歳	『ミューズを導くアポロ』の衣装を担当する。
1929	46歳	8月19日、ディアギレフ、糖尿病により死去。 モナコ近くのロックブリュンヌ・カップ・マルタンに別荘『ラ・ポーザ』を建てる。 世界恐慌、起こる。
1930	47歳	モンテカルロでドミトリーと再会、ハリウッドの大プロデューサー、サミュエル・ゴールドウィンを紹介される。

		ウェストミンスター公爵、ローリア・メアリー・ポンソンビーと結婚。 イラストレーター、ポール・イリブと親しくなる。
1931	48歳	ハリウッド映画『今宵こそは』の主演女優、グロリア・スワンソンの衣装を手がける。
1932	49歳	11月7日、初めてのハイジュエリーコレクションを発表。 イタリアの名門貴族ルキノ・ヴィスコンティと親しくなる。
1934	51歳	住まいをカンボン通りのそばのホテル・リッツに移す。 ヴィスコンティを映画監督ジャン・ルノワールに紹介する。
1935	52歳	9月21日、イリブ死去。
1939	56歳	ジャン・ルノワール監督の映画『ゲームの規則』の衣装を担当。
		第二次世界大戦勃発。香水とアクセサリー部門を残してメゾンを閉鎖、デザイナー活動を休止。
1940	56歳	6月、フランス、ドイツに降伏。パリ、占領される。
1941	58歳	3月5日、ドミトリー、結核により死去。
1944	61歳	8月25日、連合軍、パリを解放。

1945	62歳	戦後、スイスのローザンヌへ移住。
1947	64歳	クリスチャン・ディオールの最初のコレクションが「ニュールック」とよばれ、一大センセーションを巻き起こす。
1950	67歳	10月5日、ミシア死去。
1953	70歳	7月19日、ウェストミンスター公爵死去。別荘『ラ・ポーザ』を売却。
1954	70歳	2月5日、復帰後最初のコレクションを発表。
1955	71歳	キルティング・バッグ『シャネル2・55』を発表。
1958	75歳	ルイ・マル監督の『恋人たち』で主演女優ジャンヌ・モローの衣装を数着製作。
1959	76歳	ロジェ・ヴァディム監督の『危険な関係』でジャンヌ・モローの衣装を担当。
1960	77歳	6月17日、ルヴェルディ死去。
1962	79歳	ヴィスコンティ監督の『ボッカチオ'70』でロミー・シュナイダーの衣装を担当。

1966	83歳	スイス・ローザンヌ、ソーヴァブランの森の館を購入。
1971	87歳	1月10日、シャネル死去。 1月13日、シャネルの葬式、とりおこなわれる。 4月6日、ストラヴィンスキー死去。

【画像出典】

カバー：Lipnitzki/Roger-Viollet /amanaimages
p.26：Apic/Getty Images
p.44：Heritage Images/Getty Images
p.73：Heritage Images/Getty Images
p.97：Alamy/ アフロ
p.109：Heritage Image/ アフロ
p.129：Roger-Viollet/ アフロ
p.141：Roger-Viollet/ アフロ
p.188：Everett Collection/ アフロ

著者略歴
東京都に生まれる。作家、エッセイスト。パリ在住。フランス・ナポレオン史学会会員。フランス芸術記者組合員。ファム・フォロム（フランスで活躍する女性の会）会員。
著書には『息子を国王にした女たち』『最期の日のマリー・アントワネット』『ナポレオンが選んだ3人の女』『ルーヴル美術館　女たちの肖像　描かれなかったドラマ』（以上、講談社+α文庫）、『カルティエを愛した女たち』（集英社インターナショナル）などがある。
http://rumiko-paris.blogspot.jp

シャネル
――シャネルを支《ささ》えた8人《にん》のレジェンドと生《い》きている言葉《ことば》

二〇二〇年七月一五日　第一刷発行

著者　川島《かわしま》ルミ子《こ》
発行者　古屋信吾
発行所　株式会社さくら舎　http://www.sakurasha.com
東京都千代田区富士見一-二-一一　〒一〇二-〇〇七一
電話　営業　〇三-五二一一-六五三三　FAX　〇三-五二一一-六四八一
編集　〇三-五二一一-六四八〇
振替　〇〇一九〇-八-四〇二〇六〇

装丁　石間　淳
印刷・製本　中央精版印刷株式会社

ISBN978-4-86581-254-1